売れ続ける販売員になるための

「あきらめないこころ」のつくり方

たかみず 保江

同文舘出版

まえがき

「絶対、予算を取る！」。これが売れ続ける販売員であった私のこころに、いつもあり続けた言葉です。

「閉店まであと10分、予算達成まであと５万円」――窮地に追い込まれても少しもブレることなく、目標を見据えた結果、予算を大きく達成する奇跡を数え切れないほど経験してきました。

私は長年、婦人服販売員として、現場で怒涛の快進撃を繰り広げてきました。現在は、接客・販売講師として販売員たちに独自のノウハウを教えながら、時には現場に立って接客・販売をする「一販売員」でもあります。

「あなたは、あきらめないこころの売れ続ける販売員になりたいですか？」

本書の中では、売れ続ける販売員の私が、現場で毎日無意識に実践してきた考え方や行動を意識化して、わかりやすく出し惜しみなく書いています。

ですから、あなたはこれらを実践し続けることによって、確実にあきらめないこころの売れ続ける販売員になることができるのです。

本書を読み進める途中で「こんなことがそんなに大切？」と思われることがあるかもしれません。そうです、大切です。だから、私は売れ続けたのです。

そして、本書を最後まで読んでくださった方には、私から〝ギフト〟を用意しています。これは、最後まで読んだ方しか気がつきません。


本書はアパレルだけではなく、すべての販売員に実践していただきたいと書きました。ですが、テクニックの章では洋服の特徴をかなり具体的に挙げています。その理由は、現場で私が実践してきた手の内のすべてを明確に、よりくわしくお伝えしたかったからです。きっと、販売員のあなたが自店の商品に置き換えて読んでくれるだろうと信じて書きました。

多少厳しいことも言いますが、ぜひ最後まで、私の指導についてきてください。

では、早速授業をはじめましょう。

たかみず保江

売れ続ける販売員になるための
「あきらめないこころ」のつくり方　もくじ

2章 あきらめないこころづくり

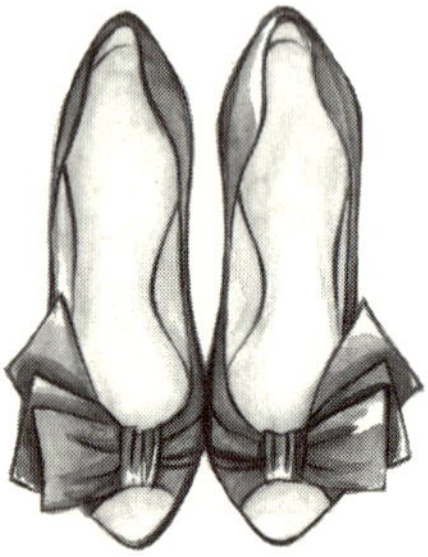

3章

あきらめないこころで動待機

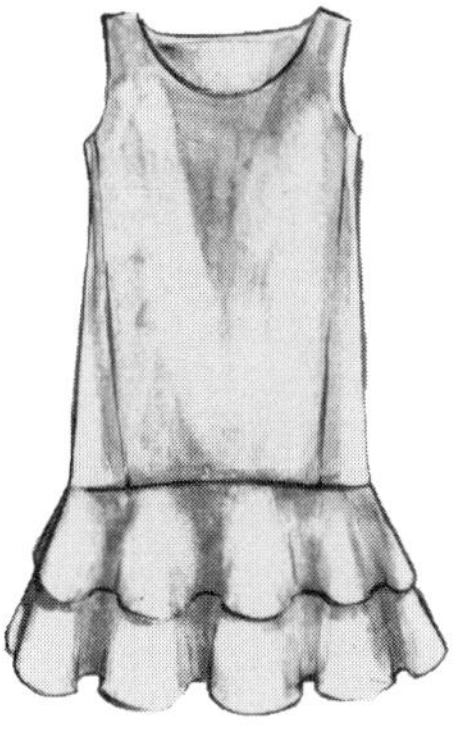

4章

あきらめないこころで最初のアプローチ

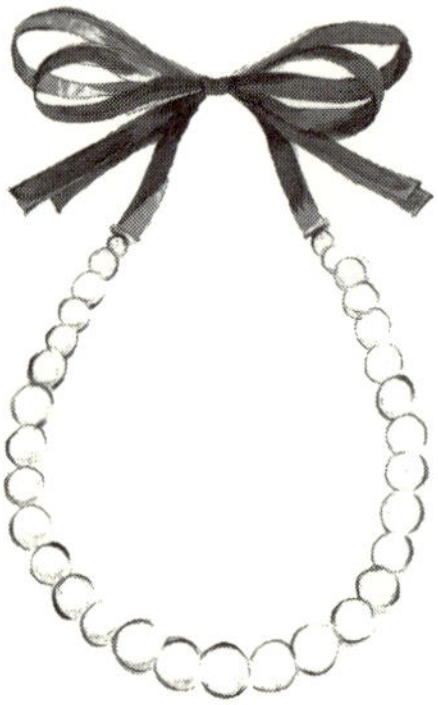

5章

あきらめないこころで接客からクロージング

6 章 売れ続けるための大切なこころ

カバーデザイン・DTP　春日井 恵実
ヘアメイク・本文イラスト　竹本 実加
カバー写真　善福 克枝

1章

売れ続ける販売員とはこんな人

理想の売れ続ける販売員

✦売れ続ける販売員のイメージ

あなたは、「売れ続ける販売員」にどのようなイメージをお持ちでしょうか？　前向き、明るい、元気、いつも笑顔、メゲないなど、明るいイメージですか。それとも、お客様を横取りする、貪欲などのズルいイメージでしょうか。

私は、本書を書かせていただくにあたり、販売員にインタビューしてみました。すると、エネルギッシュ、こころが安定している、めげない、前向き、平常心、いつも笑顔、動きが早い、自信がある、ブレない、気持ちの切り替えが早いなどでした。なかでも多かったのは、「安定している」「ブレない」などの、動きやトークというよりも、メンタルをイメージする言葉が多く出ました。

次に「その日に売れた販売員へのイメージ」も聞いてみました。これは、「たまたま買ってくれるお客さんをつかんだだけ」「今日だけしか売れない」「明日はきっと売れないだろう」という言葉が多く返ってきました。１日売ることは私だってできる。でも、売れ続けることは難しい、と思っている販売員が多いということでしょう。

✦売れ続ける販売員はあなたと同じ

私は8年間、会社の中で個人売上げトップであり続けました。店では、スタッフを叱ることも多く、接客時も一所懸命笑顔をつくることよりも、一所懸命お客様の話を聞く、というタイプだったため、店頭でいつも笑顔というわけではありませんでした。むしろ、怖い顔をしていたときのほうが圧倒的に多かったと思います。

店長時代には、会社の会長から「あなたは、いつも鬼軍曹のような顔をして店にいるね」と言われたことがあるほどです。

お客様にフラれることも、あなたと同じくらいあったと思います。ところが、1日の終わりの結果を見るとダントツの売上げ。今日は売れていないと感じる日でも、結果は他のスタッフよりも頭ひとつ分売れていました。

販売員のKさん、彼女はお客様へのアプローチが早いスタッフです。笑顔はあまりありませんが、お客様のお話をよく聞いています。もちろん、フラれることだってあります。でも、連続でフラれても、一番最初にお客様を接客するスピードは1日中変わらず、お客様が店内にいないときも店頭で動きながら、お客様をすぐに接客できる姿勢で待機しています。プライベートでは恋愛も謳歌していて、会うたびに大好きな彼の話をうれしそうに話してくれます。Kさんは、売れ続ける販売員です。

またHさんは、毎日他のスタッフよりも少し早く店に出勤してきて、お客様の商品注文の伝票や今日やるべきことや予算に目を通した後、即座に店に立ってお客様を接客しはじめます。彼女は、とても伸びのある声でお客様と楽しそうに笑ったり話したりします。そんな彼女だって、お客様によくフラれています。

このように、売れ続ける販売員は特別な人ではありません。あなたにも、このような部分はあるはずです。もしわからなければ、周りの友達や家族にあなたの特徴を聞いてみてください。きっと、KさんやHさんと変わらないはずです。

さて、先ほど販売員にインタビューをした話をしましたが、最後にこんな質問もしてみました。「売れ続ける販売員とあなたの違いは何ですか」と。半分以上の販売員が口を揃えて言ったことは、「メンタルの強さ」ということでした。

では、本当に売れ続ける販売員はメンタルが強いのでしょうか。

いいえ、そんなことはありません。KさんもHさんも、連続でフラれるたびに、どうしようと困ったり、売れない日が続くと販売に向いてないのではないかと悩んだり、先輩に叱られるたびに落ち込んでいました。私は、彼女たちの泣き顔を何度も見てきました。

実は、そういう私も朝起きるたびに、「今日こそ仕事を辞めよう」と思ってきました。おおよそ10年間、ほぼ毎日です。また、上司に何度「辞めたい」と言ったことか。

今でこそ笑い話ですが、あの頃は毎朝本気でした。そのことを思い出すたびに、毎回話を聞いてくれた上司への感謝の気持ちと申し訳なさでいっぱいになります。ここまでの話で、さらにわかっていただけたでしょうか。

そうです、売れ続ける販売員は、そもそもあなたと何ら変わらないのです。

ところが、実は、売れ続ける販売員がひとつだけ共通して持っているものがあるのです。

次は、そのことについてお伝えしていきましょう。

売れ続ける販売員が持っているもの

ただひとつ、売れ続ける販売員だけが持っているものとは、何だと思いますか。

これを持っている販売員の店での動きや接客は、やはり他とは違います。だから、周りは彼女たちのことをすごいと感じ、理想にするのです。

✦売れ続ける販売員は、いつの間にか〝それ〟を持っていた

売れ続ける販売員が共通して持っているもの、それは「**あきらめないこころ**」です。

「あきらめないこころ」と聞いて、とてつもなくすごいもので、「私になんか持てるわけがない」と思いませんでしたか。しかし、それはあなたに持てるものなのです。

なぜかと言うと、売れ続ける販売員は、「手に入れたい」と思って手に入れたわけではなく、いつの間にか手に入れていたものだからです。

お客様にフラれ続けても、最後まであきらめない。「もうダメだ」と自分を投げ出さずにお客様に喜んでいただける接客をしようと、足を止めずにお声がけをする。

先輩に何度叱られても、もう私はダメだと自分を見放さない。そして、それでも自分ができることを懸命にやる――そういう気持ちの持ち方が習慣になって、「あきらめないこころ」

を、いつの間にかつくっていたのです。

Kさんや Hさんも、最初は悩んだり立ち止まることも多々ありました。ですが、あきらめないことの大切さがわかってくると、毎日とにかく最後まで懸命かつ丁寧にお客様を接客していました。するといつの間にか、会社で個人売りの上位に名を連ねるようになり、それが1ヶ月、2ヶ月、半年、1年と続いていきました。

1ヶ月や2ヶ月というのは、誰でも本気でチャレンジすれば、瞬発力だけでトップになれると思いますが、3ヶ月目以降、半年、1年持続できるということは、これはもう紛れもない「実力」です。

私自身もそうでした。営業時間中は、何回フラれても「負けない」と自分を奮い立たせて接客についていきました。

店長時代、会議で売上げが悪くて叱られたことだって数知れずあります。でも、そのたびに「絶対負けない」と、会議の後、連れ立ってお茶を飲んで帰る他店の店長たちには目も向けず店に戻って、せっせと接客をし続けました。

あの頃、私は店のスタッフすらもライバルだと思っていました。そして、それを糧に必死にやってきたからこそ昇進し続けることができたと、少し前まで思っていました。

でも今は、私が思ってきた「負けない」という気持ちは、お客様や仲間に対する〝負けない〟ではなく、こころが折れそうになって、あきらめたり投げ出したくなる自分自身の気持ちに屈しない〝負けない〟だったのだ、とやっとわかりました。

誰が自分のことをダメだと言っても、最後まで自分自身を信じる。信じる理由なんかなくていいのです。**「最後まで、お客様を一所懸命接客する」**という心構えの毎日を送っていたら、いつの間にか売上げがコンスタントに取れるようになり、気がつくと会社でトップにい続けることができ、周りからも一目置かれる存在になっていたのです。

1日1日積み重ねてきたことが、「あきらめないこころ」になっていたのです。

✦売れ続ける販売員の理想の姿

販売員Dさん、彼女は元部下です。販売歴3年の彼女は、私の店に異動してきた頃、店内に1人だけいるお客様からかなり離れた真後ろに立ち、手を後ろで重ねて少し大きめの声でお客様の背中に向かって「いらっしゃいませ〜」「どうぞご覧くださいませ〜」と言うことしかできませんでした。ただただ、お客様の背中に言い続けているだけだったのです。

当然、お客様は自分が言われているとは気づかず、一向に振り返ってはくれないし、たまたま振り返って自分が言われていたことに気がつくと、「えっ？　私？」と逆に驚かれるほど、お客様にアプローチができないスタッフでした。私は、そんなDさんを見て愕然としました。

それから7年間、Dさんにあきらめないこころで行動に出す大切さと販売の技術を目で見せ、言葉で伝え続けました。いつの間にか、彼女は私の最強のアシスタントとなり、個人売上げでも社内で私の次になっていました。私が教育業に専念してからは、もちろん彼女が社内トップでした。彼女は、今でも売れ続ける販売員です。

毎日、店ではスタッフ同士のことやお客様のことなど、いろいろな出来事があります。でも、そんなときに簡単に折れることなく、あきらめないのが売れ続ける販売員なのです。

「あきらめない」と言うと、お客様にしつこく声をかけることをイメージされるかもしれませんが、そうではありません。売れ続ける販売員は、「**最後まで自分をあきらめないこころ**」を持っているのです。

「お客様が買うか買わないか。そんなことはわからない。でも私は接客をする。自分をあきらめない」「上司や先輩が私のことをダメだと言っても、私は私をあきらめない、最後までできることをやる」――これが、理想の売れ続ける販売員の姿です。

どうしてあきらめてしまうのだろう

✦あきらめるってどういうこと？

さて、それではイメージしてみてください。

「あなたは、アパレルの販売員です。今日の天気は雨・ただ今閉店10分前・今日の予算まであと5万円」――あなたは今、こころの中でどんなことを考えているでしょうか？

「明日、がんばろう」「今日は雨だし、しょうがないな」「予算半分以上はいったし、今日はもう終了でいいや」でしょうか。

それとも、「売れ筋商品があったら、あと1点売れていたかも」「あの子がミスばっかりするから、イライラして接客に集中できなかった」「本社に提出する書類やらなきゃいけなかったからしょうがないよね」と、自分以外の人や物事のせいにするでしょうか？

いずれにしても、閉店まであと10分ある。店はまだ営業しているのに、こころは「今日の予算を達成できなかった」と決めて理由を探しています。このこころの状態を「あきらめる」と言います。

✦あきらめっぱなしだった入社当時

ここであなたに質問があります。どうして閉店までの10分間、お客様が来ないと決めつけるのでしょうか。あなたには、10分先の未来のことがわかるのでしょうか。

私は大学卒業後、アパレル会社に就職しました。接客や販売の仕事は一切経験なし。ただ、毎日好きな洋服が着られるのではないかという、不純な動機で婦人服の販売員になりました。最初は「いらっしゃいませ」を言うのも恥ずかしくて、これが言えるようになるまで1週間もかかりました。「言いたくない！　なんで、そんなことを言わなきゃいけないの？」と、どの業務に対しても反発してばかりいました。かなりの問題児だったのです。当時は、3月入社の私と店長と1ヶ月後の4月に入社してくる高卒の同期と3人体制になる予定でした。ところが、店長が急遽エリアマネージャーに昇格し、店は私とこれから入社してくる高卒の同期の2人体制になることに。高卒の同期より1ヶ月前に入社していた私は、2週間経ったある日、店長から「たかみず、私、明後日の本社会議に参加することになって、神戸に泊まりで行くから2日間1人で店に立ってね」と言われたのです。

「わからないことだらけなのに、1人でなんかできるわけがない！」と、もう驚きと恐怖とで泣きそうになりました。まだ「いらっしゃいませ」もまともに言えなかったのです。不安で固まっている私に、店長は続けてこう言いました。「大丈夫。よく聞いてね。キレイ・

カワイイ・ダイジョウブ、この言葉を組み合わせて接客すれば何とかなるから」

初日、もちろんお声がけすらできず売上ゼロ。しかし、売上げに対する意識も薄く、何とも思いませんでした。

2日目、午後になると、百貨店のマネージャーが店の周りをグルグルと回っていることに気がつきました。しばらくすると、さらにその上のフロアマネージャーと2人で私の店の周りを回りながら店の前に立ち、何かを話しはじめました。「今日もまだゼロだから、きっと怒っているんだ。マズイ!」。新人ながら、自分が大変な状況に置かれていることを感じ取ったそのとき、18時の時報とともに2人連れのお客様が入店してきました。

怒られまいと、私はもう必死でした。「キレイ・カワイイ・ダイジョウブ」を無我夢中で組み合わせました。すると、お客様がブラウスを1枚買ってくださったのです。

それからも必死で接客して、ギリギリで予算を達成することができたのです。接客内容は無我夢中すぎて覚えていませんが、閉店後、初めて味わう何とも言えない達成感で天にも昇る気持ちになったことだけは、ハッキリと覚えています。思えば「あきらめないこころが奇跡を起こす」ということを、初めて体感した日でした。

✦あきらめている自覚はありますか?

店長になりたてのMさん。彼女が店長になってからというもの、店はいつもあと一歩のところで予算未達で終わることが増えました。原因を知ろうと私が店に入ったときのことです。

朝礼でMさんに、「店長が最後まで接客をして、スタッフにあきらめないことを行動で教えてみて」と言うと「はい！　かしこまりました」という言葉が返ってきました。

その日は順調に売上げを伸ばし、予算まであと3万円となりました、閉店まで、あと1時間半もありました。それから30分経っても、売上げは変わりませんでした。Mさんは、動きながらお客様の入店を待っています。そしてもう30分経ち、閉店時間30分前、予算達成まであと3万円です。

そのときです。Mさんはカウンターの中に入って、書類を出して何かを計算しはじめたのです。

その後、お客様が入店しましたが、Mさんは書類に没頭したまま、スタッフが接客しましたが、結局フラれて予算未達のまま終わりました。次の日も、Mさんに「最後まであきらめない気持ちを行動に出して、Mさんが最初に接客についてね」と言ってみると、「はい。かしこまりました」という返事でした。

その日は、閉店まで大苦戦でした。閉店30分前に残りが予算の半分、という状態だったのです。

またもやMさんは、ノートを持って今度は店を出て行こうとしました。どこに行くのか聞いてみると、彼女以外のスタッフでもできることを自分でやろうとしたのです。昨日の書類のことも聞いてみると、それも提出期限が10日先のものでした。

あなたにもこころ当たりはないでしょうか。人は現状から逃げたくなると、今しなくていいことを、今すぐやることだと正当化することがあります。Mさんはプレッシャーもあってか逃げたくなり、店内で最後までお客様を接客することをやめてしまったのです。

これも、あきらめている状態です。

では、ここから先は売れ続ける販売員の仕事に対する基本的な考え方と行動をお伝えしていきます。

接客最優先を徹底している

✦接客最優先とは

最初に「接客最優先」です。これは、販売業の中では当たり前のことで、最も大切なことだとはあなたもご存じの通りです。なぜって、販売員の仕事はお客様を接客することだからです。

しかし、声をかけられるのを嫌がるお客様だって、なかにはいます。嫌がるお客様には少し距離を置いて、何かあればサポートできるように見守ってください。見守ることも接客です。この接客方法は後ほどお伝えします。私が言っていることは、嫌がるお客様のそばに行って、マシンガントークで話すことではありません。

「接客最優先」とは、店内で商品を見ているお客様に最優先にこころを向けて、「私は、あなたが商品を見ていることに気づいていています」ということをわかっていただくことを、あなたの仕事の最優先にしていますか、ということです。決して、自分の店の商品を見てくださっているのと知りながらお客様を無視するような行動はしないということで、気がつかないなんて、もってのほかなのです。

✦本当に接客を最優先していますか

Sさんはサブ（副店長）です。今日は、昨日お休みだった店長と後輩と3人体制です。遅番で店長が出勤してきました。緊急事項はないのですが、報告や連絡や聞いてほしいことはたくさんあります。後輩はストック整理中で、店には店長と2人きりです。Sさんは、カウンター内で店長に次々に報告をはじめます。

しばらくすると、お客様が1人入店されました。話が途中だったため、お客様のほうをチラチラ見ながら早口で話します。お客様が棚のカットソーを広げました。さすがにカウンターに入っているわけにはいかず、Sさんはお客様の元へ向かいました。ですが、お客様が他のものも広げているのにもかかわらず、積極的に声をかけず、少し離れて見守るだけです。途中になった店長への報告が気になってしまい、お客様に早く出て行ってくれと言わんばかりの無言です。そのうち、お客様は出て行ってしまいました。

店長のIさんは、今日、後輩と2人体制です。本社に提出する書類の締め切りが今日の夕方です。簡単な書類なので時間はかからないのですが、やりはじめたら没頭してしまいました。スタッフが休憩に出て、Iさんは店に1人。そこにお客様が入店されました。さすがは店長です。すぐに気配を感じて、顔を上げてお客様に会釈をしました。ですが、そのまま下を向いて書類作成をはじめました。

お客様は、飾ってあるワンピースを触っていて、同じものや色違いを探している雰囲気です。とうとうお客様から「同じものはどこですか？」との声がかかりました。Iさんは、カウンターから出てきて同じものをお客様にお渡ししましたが、お客様が鏡に当てても手を前で重ねて、お客様の斜め後ろに立っているだけです。お客様から、わざと目線を外しています。

これらは、接客最優先になっていると思われるでしょうか。Sさん、Iさんのこころの中は、店長への報告や書類のことでいっぱいです。お客様への接客が優先になってはいません。

私は、このような光景に出くわすと本当に悲しくなります。販売員はお客様を接客することが仕事です。店長に報告・連絡することや本社への提出書類等、緊急なこと以外は、すべて接客の次に大切なことです。売れていない店の販売員は、これがわかっていません。ですから、その時々で報告や書類というように優先順位が変わっていきます。これを、「業務に振り回される」と言います。

先ほど、売れ続ける販売員のイメージで販売員が挙げた「ブレない」とはほど遠いことがおわかりいただけるでしょうか。**売れ続ける販売員は、ブレずに「接客最優先」です。**接客を自分の中心軸にして、他の仕事に取り組んでいくのです。

そうすると、お客様が入店したときに他の業務が途中でも、それにとらわれることなく気持ちを切り替えて接客に入れるようになります。だから、売れ続けることができるのです。

✦接客を最優先にすると

私は現場で20年、常に「接客最優先」をどのスタッフにも最初に伝え、行動してもらっています。今、店内にいるお客様をそのままにしておくことはしません。買う買わないにかかわらず、何か商品を見たい気持ちや理由があるから来てくださっているからです。「勝手に見てください」では、販売員は必要ありません。私が教えてきたスタッフも、大半が「接客最優先」を理解して行動しはじめると、しばらくして自分の今までの行動を振り返りこう言います。「やっていたつもりでした」と。

Oさんは、ある日私にこう言いました。「今まで、売上げ売上げと言われてきました。でも、先輩たちはいつも私に付帯業務を課してきて、結局、店に出られなくて、自分が売れなかったのは先輩たちのせいだと思い続けてきました。でも、「接客最優先」を意識して行動するようになってからは、結果が出なかったのは自分の問題だとわかるようになりました」と。

Oさんは、自分の問題だとわかってから、自分の接客を改善していきました。緩やかですが、確実に結果が右肩上がりに上がったスタッフの1人です。

「10分前出勤」の徹底

✦あなたは出勤時間の何分前に店に立ちますか

私は店に出勤していた頃、開店の40～50分前には百貨店の休憩室に到着していて、今日やることを確認したり、仕事の流れをイメージしてから店に入っていました。出勤時間が11時30分でしたら、11時少し過ぎには店に立っていました。

これは、販売をはじめて数年経った頃からのことです。最初は、「誰よりも早く店に入って、早く1点売ろう」という単純な理由からでした。でも、しだいに気づきはじめたのです。たまたま寝坊してギリギリに家を出て店に駆け込んだ日は、なぜかすべてがうまくいかないのです。

その日にやるべきことをすっかり忘れてしまったり、お客様への声がけのタイミングも間が悪く、こっぴどくフラれるなどして、その日1日ボーッとした感じが続くのです。

これはなぜだろうと思い、周囲の店のスタッフでギリギリに出勤してきた人がいたら観察するようにしてみました。すると、出勤時間ギリギリに店に立ったスタッフはひと足早く入っているスタッフに比べてソワソワしていて落ち着かない、店の鏡で、やたら自分の姿を確認する、お客様に質問されたときにも即座に答えられていない、モノを落としたりつまずいたりするという傾向があることに気がつきました。

それを見ていて、「私がお客様だったら、こんな販売員に接客されたくない」と思いました。それから私は、店に早く入りはじめました。店長になってからは、スタッフに「10分前出勤」を徹底してもらうようにしました。もう少しくわしくお話しすると、着替えてタイムカードを押して店に立って10分前、ということです。そして、10分の間で前日の連絡事項や今日のお客様との約束など、自分のやるべきことやスタッフ全員が共有することを把握し、出勤時間には店頭でお客様を接客できる状態でいてもらいます。

すると、前日お休みだったスタッフも出勤だったスタッフと同じ情報量になり、それに近い意識でお客様に対応することができます。何かあったとき、「私は昨日お休みだったので知りませんでした」ではすまされないこともありますから、これは重要です。

✦10分の間で仕事のスイッチが入る

店長のUさんは10分前出勤をするようになってから、10分の間が仕事への気持ちの切り替え時間になりました。朝、家を出てから店までの道のりは仕事以外のことを考えていることが多いものです。ところが、10分前に店に入りノートに目を通して今日やること、予算の確認をしていると自分の中の仕事へのスイッチがオンになってきて、出勤時間になると「よし、はじめよう」という気持ちになってくるそうです。人は先に起きることが少しでもわかっていると安心感ができて、今の仕事に前向きに取り組めるのではないかと思います。

では、ちょっとイメージしてみてください。朝出勤すると、昨日あなたが接客してスカートを買ってくださったお客様から返品希望の電話があったということを聞きました。今、あなたはお客様がご来店することをわかっていて店に立っています。通路の向こう側からそのお客様が歩いてきました。

今のあなたの気持ちを覚えておいてください。それではリセットして、もう一度イメージしてみてください。

朝、あなたが店に立っています。すると通路の向こう側から見覚えのある方が歩いてきます。思い出しました。昨日スカートを接客したお客様です。そして店の中に入ってきてあなたの前に立ちました。どうですか。事前に何もわかっていないと動揺しないでしょうか。

出勤時間ギリギリに店頭に立ち、店内が朝から混んでいたら、スタッフの連絡すら聞けないこともあります。しかし、10分早く店に入ることで店に立つ前にスタッフからの連絡を聞いたり、それができなかったとしても共有のノートなどに目を通して情報を収集することが可能になります。そうすることで、今日の対策も立てられます。

そして、こんな効果もあります。10分間で仕事モードになると、出勤時間にはスタッフとも心地よい距離感ができます。プライベートと仕事はなかなか切り替えるのが難しいものです。あなたはどうですか。出勤時間直前まで仕事に関係ない話をしていると、店に立ってしばらくしても、まだ気持ちが切り替わらずに仲間と続きを話してみたくなったり、昨日の出来事を思い出して1点を見つめてしまい、意識が〝今〟に向かなくなったりしがちです。

ところが、少しずつ頭に仕事の情報を多くしていくことで、こころが仕事に向きはじめます。すると、自然と周りとも適度な距離感が生まれてくるのです。売れ続ける販売員はこれを無意識にやっています。

早番時のレジ開けの重要性を知っている

✦ 早番時のレジ開けとは

あなたは早番のとき、遅番が来るまでの間、店内で何を考えて行動していますか。

入社して間もない新人の頃の私は、「遅番が来るまでに何か1点売れればいいな」と思う程度でした。遅番が来ると、店のスタッフ人数が増えるわけですから、必然的に接客できる確率が減って、1人でいるときより売上げが取りにくくなると思っていたからです。

その後、後輩ができて、個人売りが気になりはじめると「遅番が来るまでの間に、何か売らなくちゃ、後輩の見本にならなきゃ」と思うようになり、お客様が入店されると無我夢中で接客するようになりました。

すると、しだいに毎回遅番が来るまでに店のレジを開けることができるようになってきたのです。ちなみに、店のレジ開けというのは「店で何か1点以上売れて売上げがある」ことを言います。私が毎回早番時にレジを開けていると、他のスタッフたちもそれを目標にしはじめました。

それがチームの中で習慣化しはじめた頃、気づいたことがありました。朝のレジ開けが早いと、スタッフが一丸となって、店全体がその日の予算に向かいはじめるのが早くなるのです。早番が、朝からお客様を元気に接客していると、店の温度も上がります。いわゆる、活気が出るということです。すると、出勤してきた遅番はそれを感じて、何だか乗り遅れているような、自分もその中に入りたいような、そんな心理になるのでしょう。先輩も後輩も、荷物を置いてすぐに店頭に出てきて、お客様を接客しようとするのです。

少し話がそれますが、先ほどお話しした「10分前出勤」は、店長の私にとって、この状態を理解してのことでもありました。店長になってからは、とにかく店も自分も早く予算を達成したい一心で、早く入って遅番が来るまでに接客をしまくり、店を活気づけ、遅番を少し焦らせてスタッフ全員でいち早く予算に向かって走り出す作戦です。次々とお客様を接客している私を見たときの遅番スタッフたちの顔は、今でも脳裏に焼き付いています。でも、その作戦のお陰で、ブランドのギネス売上げを何度更新してきたことでしょうか。

✦早番時のレジ開けを徹底するようになってから気がついたこと

販売員のLさんは、初めは「早番は朝のレジ開けが最優先の仕事」と言われても、意味がさっぱりわかりませんでした。でも、「そう言っているからやらなきゃ」と、毎回早番のときは入店したお客様を一所懸命接客していました。そうして、レジ開けが少しずつできるようになってきた頃、「朝レジを開けられたときは、その後もお客様の接客にスムーズにつける」ということに気がつきました。レジ開けが早いと、安心感と余裕を持ってお客様の接客につけることに気がついたのです。そして、レジ開けをすることが最優先になると、開店するまでに他の業務を終わらせるようになるため、開店前の簡単なことにもダラダラしないようになりました。

✦朝のレジ開けを楽しもう

Wさんは、5年目の販売員です。彼女も、朝のレジ開けの徹底とは無縁でした。早番で店頭にいるときに、営業からの電話で、「○○の書類を12時までに提出してください」と言われると「はい、かしこまりました」と、お客様が入店しても見向きもせず、書類づくりに没頭していました。ですが、早番でのレジ開けが優先になったある日のことです。

上司から、「書類に記入して午前中にファックスして」と電話がありました。その提出書類は、記入するのに少し時間がかかるものでした。Wさんは、「申し訳ございません。提出時間を13時にしていただいてもよろしいでしょうか」と言ったのです。理由を話すと、上司は理解してくれて、13時提出でOKになりました。Wさんはこう言いました。

「今までは、『やりなさい』と言われたら何も考えずに『はい』と答えて、それを優先してやってきました。しかし、私自身が優先してやるべきことをハッキリさせることによって、その他のことを先延ばしにしてもらえないかと相手にたずねられるようになりました。今まで、どれだけ何も考えていなくて行動してなかったか、を痛感しました」

会社というのは、それぞれの部署が、それぞれの役割を持って仕事をしています。ですから、コミュニケーションを取りながらお互いに理解し合って仕事を進めていってもいいのです。それが、協力し合うということです。

この早番時のレジ開けですが、私は後にゲーム感覚でやっていました。それくらい楽しくやっているほうが、コツがつかめるようになってきます。開店して間もない店内で、どのように動いているとお客様が入店しやすいのか、どのような気持ちでいるとお客様に感じよく声がけができるか、がしだいにわかってきます。

自分の接客を本気で考える時間は、なかなかないものです。遅番が来るまでの時間に得られることはとても多いはず。きっとあなたの貴重な時間になるはずです。

報・連・相の徹底をする

✦報・連・相とは

さて、ここでは最初に報告・連絡・相談とは何か、を改めてお伝えしておきます。

報告＝与えられたことについての途中経過や結果を伝える
連絡＝ある事柄について伝える
相談＝それを進めていく上での悩み事を言う

スタッフのA子さんは3年目の販売員です。ある日、A子さんに「ストック商品でビニールがかかっていないものがあるからかけてきて」とお願いしました。30分後、A子さんはストックから戻って店頭で商品をたたんでいます。ストックに行くとビニールがかかっていないものが数点ありました。A子さんに理由を聞いてみると、ビニールが途中でなくなってしまったとのことでした。午後には会社から到着するので、それが着いたらまたやりますということでした。

B子さんは2年目の販売員です。「このカットソーのイエローが出ていないからストックから持ってきて」とお願いしました。その10分後、B子さんはストックから戻り店頭にいます。イエローのカットソーは店頭に出ていません。B子さんに聞くと、完売していてストックにはなかったそうです。

彼女たちに、何が足りないかわかるでしょうか。報告ができていないのです。仕事を引き受けた後に、「午後、ビニールが到着したら引き続きやります」「完売です」と、経過や結果を上司に報告していないのです。すると、上司はスタッフに再度確認をすることになり、ちょっとしたことでも手間がかかります。業務が終了したら店頭に戻ればいいと思いがちですが、途中経過や完了を伝えることが報告です。それと、これは上司の立場として言わせていただきます。報・連・相を細かくしてくれるスタッフは信頼できるのです。この理由は後ほどお話しします。

✦報・連・相の効果

ある日、店長Nさんはスタッフと休憩に行った際、「Yさんが辞めた原因は、Kさんの教え方のキツさだったと思うのです」と聞いたそうです。何も知らなかったNさんは、とても驚きました。その後、サブにもそういう事実があったのかを聞いてみると、「実はKさんがYさんに教えているところを見たのですが、言い方がキツいなと思っていました」ということでした。他のスタッフも、「Kさんが、Yさんにかったるそうに教えている光景を見ました」

とのことでした。Yさんは、とても仕事に熱心なスタッフだったので、とても残念です。

確信はなくても、○○かもしれないということがあれば、あなたの気持ちを上司に伝えることも連絡です。でも、勘違いしないでください。告げ口とは違います。告げ口とは、誰かの足を引っ張ろうとして言うことです。ここでは、Yさんに何かあったらという、スタッフを思う気持ちから話すのですから、発する言葉の出所が違います。ということは、上司への伝わり方もまったく違うのです。

Rさんは、ストックの配置換えを任されました。悩みましたが、何とか終了した数日後、先輩からストックが使いづらいと指摘を受けました。Rさんは、焦って他の先輩や同僚にも聞きましたが「商品をすぐに見つけにくい」との返答でした。その後、Rさんは、スタッフ全員にストックについての相談アンケートを書いてもらい、再度配置換えにチャレンジしました。その際、アンケートを見て驚きました。Rさんが思いつかなかった発想がたくさん書いてあったのです。再チャレンジした配置換えはスムーズに進み、全員が使いやすいストックになったそうです。悩みを相談することはとても大切です。

1人で悩むと、頭の中で同じ考えが堂々巡りになります。仲間はそれぞれ、あなたとは違う価値観を持っています。相談することで、参考になる考えをたくさんもらうことができます。その中から、いいと思うものをあなたの考えに足せばいいのです。

✦報・連・相の真実

今、お話ししたケースは、本来の報・連・相をしていたら事前に手を打つことができ、Yさんも辞めることはなかったかもしれません。またRさんも、配置換えを2回もやらずにすんだことでしょう。私は、上司や部下に報・連・相を細かく行なうスタッフでした。

「最近、Iさんの元気がないので、今日お茶して帰ります」や「昨日、Iさんに話を聞いてみたら、飼っている犬が入院したことが原因だったみたいです」などの上司への途中経過・完了報告はもちろん、部下にも「○○さんは、こういうクセがあるから気をつけて見たほうがいいね」と、自分の気持ちを話してきました。すると上司が、「じゃあ、こうしようか」と提案してくれたり、部下も「私も、○○さんを注意して見ます」と協力してくれて、問題が大きくなりそうなことを未然に防ぐことができました。

自分の状況や気持ちを相手に話すことはこころを開くということです。ですから、上司は報・連・相を細かくしてくれるスタッフは自分にこころを開いてくれていると感じ、しだいに上司も心を開いて信頼するようになってくれるのです。

お客様との約束

✦こんなこと、あなたの店で起きていませんか

私が、ある店の立て直しに入ったときのことです。お客様のお取り置き品ロッカーを見ると、取り置き期間が1週間なのに対して、すでに1ヶ月近く経っているものがいくつもありました。これは様子がおかしいと感じて、スタッフに聞いてみると、どの方も遠方や多忙でなかなかご来店できず、延長になっているとのことでした。それから数日経ち、あることに気がつきました。日中や夕方、顧客様らしき方のご来店があるのですが、ほとんどの方がスタッフと話だけをして帰ってしまうのです。スタッフは、混雑時でも顧客様に手を振ってお出迎えして、30分前後話をしています。その間、店内のお客様が鏡に当てていても、手を前に合わせて見て見ぬふりで話をしているのです。さらに観察してわかりました。彼女たちは、どんなときもお客様への言動が曖昧なのです。

販売員のUさんは、お客様から取り置き期間を聞かれると「いちおう、1週間になります」と言ってお取り置きを受けました。Bさんも、お客様から10日後でないと来店できないと言われると、「では、とりあえず10日間お取り置きしておきます」と言いました。

このやり取りが曖昧なのです。

販売員は商品を管理することも仕事です。そして、商品は「生き物」です。店頭で息が長く売れるものもあれば、旬な今しか売れないものもあるのです。

どこに置いても売れていた商品が、数週間過ぎたら売れなくなったという経験はありませんか。商品が生きているうちにお客様にお求めいただくことも、あなたの仕事です。それを、3週間も1ヶ月も取り置きして、お客様のご来店がなかったとき、いざ店頭に出そうしても店内は次の展開になっていることも多いのです。キャンセルになった1点だけの商品を見せる場所は、店内にはもうありません。

✦お客様と約束をしよう

もちろん、これは販売員側だけの都合です。販売員は、お客様のご要望にできるだけ歩み寄ってご希望にお応えすることが優先されます。では、どうすればいいのでしょうか。

まず最初に、販売員の希望もお客様にお伝えしましょう。大切なお客様・商品だからこそ希望や事情をお伝えし、ご理解いただくのです。取り置きを受ける際に「お取り置き期限は、最大で1週間とさせていただいておりますが、よろしいでしょうか」というようにです。お客様のご希望をうかがい、販売員側の事情もご理解いただいてからお取り置き日程や期間を決めさせていただくのです。

先ほどのスタッフは、お客様の希望だけをうかがい「ハイ」と引き受けました。販売員の希望や事情を言わずにお受けするのと、それらを伝えてからお受けするのとでは、お客様が受ける印象はまったく変わってきます。何もお伝えしないと、販売する側の希望や事情はない、とお客様は感じます。それだと、延長しても平気だと思うでしょう。

これは、お客様のわがままではなく、お客様と約束をしない販売員側の問題です。取り置き期間が1週間になることを伝えたときに、どうしても10日後ではないと来られないということであれば、「それでは、本来は1週間なのですが、今回限りということで承ります」と、再度お伝えするのです。

お客様のご都合も販売員の都合も、どちらもあっていいのです。お客様のご都合はよくて販売員の都合はあってはならないということではありません。もし、取り置き期間をこれ以上延ばすことが不可能な場合はその事情をお伝えし、ご配送を提案したり、今後入荷する似たものをお勧めしてみてください。場合によっては、お届けにあがることもできます。これが、お客様のご要望にできる限り歩み寄るということです。

また、たいていの場合、販売する側の事情をお話しするとお客様は理解してくださることが多いものです。私は店のスタッフに、こちらの希望もお伝えすることと、混雑時には顧客様とお話しする一方で、商品に興味を示しているお客様がいたら必ずお声がけをすることを徹底させました。すると、数日間で長期間の取り置き商品がすべて終了し、お話にだけ来ていた顧客様もスタッフが別のお客様を接客しはじめると自然に店内の商品をご覧になったりすることが増えるようになったのです。

スタッフのUさんは、「こちらの希望や事情をお話しすることで、クレームが減りました。私たちが、何にでもハイと言うことは、お客様にわれわれが何でもやってくれると思わせるきっかけになっていたということがわかりました。お客様にご理解いただけると、とてもうれしくて、さらにお客様に何かできることはないかと考えるようにもなりました」と言っていました。Uさんは現在、サブで売れ続ける販売員です。

✦曖昧な約束はこんなことも引き起こす

ある店で、実際にあったことです。お客様から、電話で商品のお問い合わせが来ました。調べるのに少し時間がかかりそうだったため、Dさんは「夕方までにご連絡いたします」と言っていったん電話を切りました。その後、夕方17時過ぎにお客様からのお電話があり、「商品の問い合わせの折り返し電話がない！」と、たいへんご立腹でした。Dさんに確認すると、「18時までにかけようと思っていました」とのことでした。

なぜ、このようなことが起きたか、おわかりでしょうか。夕方とは、人それぞれイメージする時間が違います。〝夕方〟とは、Dさんにとっては18時でも、お客様にとっては17時だったのです。人は、それぞれ価値観が違うからこそ、具体的な約束をしておくことが大切なのです。

店は仕事場。家ではない

◆店とは何ですか？

さて、売れ続ける販売員の基本的な仕事への考え方の最終項目です。

最初に質問です。あなたにとって、店とは何でしょうか。

新人販売員Mさんは、〇〇店に配属されました。初日に開店前の店に入ると、先輩が店内のソファーに足を投げ出して座り、ジュースを飲んでいました。その日の閉店後、別の先輩がお菓子を持ってきてカウンターの上に広げはじめて、「お腹が空いたから、食べながらやろう」と言いました。Mさんは少したじろいましたが、お菓子をいただきました。

次の日は、出勤前にストックでおにぎりを食べるサブのJさんを目撃しました。

あなたがMさんだったら、どのように感じるでしょうか。

◆店とは

質問を、少し難しく考えてしまった方もいるかもしれません。

答えは「仕事をする場所」です。あなたが、販売という仕事に携わるためには、商品を並べる店はなくてはならないものです。あなたは、店に立って販売をすることで会社からお給料をいただいています。ストックも、販売員のあなたにとって、店同様になくてはならない場所です。販売をするために必要不可欠な商品が保管してある場所だからです。

当然のことながら、あなたの店やストックにある商品は、お客様のお金と引き換えになります。つまりお金と同等ということです。ここでハッキリ言っておきましょう。店も商品も、あなたの所有物ではありません。あなたは、そこで接客・販売をさせていただいているのです。私の店・私の商品と勘違いしてはなりません。もしそう思っていると、○○店の先輩のような行動をしてしまうことになります。

もし、店やストックがあなたのものだったら、あなたがどこで何をしても、何の問題もありません。ですが、あなたの所有物ではありません。お客様が買ってくださる大切な商品がある場所です。もし、棚に置いた飲みかけのジュースが商品にこぼれたらどうしますか。ストックで食べていたおにぎりの米が商品についたらどうしますか。絶対にそうならないと、100％言い切ることができるでしょうか。

公私混同をするような販売員がいる店の商品は光って見えないのです。商品は「生き物」です。あなた自身と一緒なのです。大切にされていないと輝けないのです。

Mさんは、先輩のそのような行動に最初は違和感を感じていたそうです。でも、入社したばかりだったこともあって、「こういうものなんだ」とそのまま受け取り、それが当たり前の習慣になっていたそうです。彼女は数年後、別の会社に転職しました。いつものように、開店前に作業をしながらパンを食べていたそうです。

すると、会社への提出書類の上にパンを落としてしまいシミをつくってしまいました。店長にそのことを報告すると、呆れて「なぜ、お客様に夢を見ていただくところで、ものを食べるの?」と質問されたそうです。Mさんは、自分が大きな勘違いをしていたことに気がつきました。

それ以後、二度と店やストックで飲食をしなくなったそうです。するとしだいに、店に1歩入ると自然に仕事への気持に切り替わり「さあ、今日もがんばろう」と思えるようになり、少しずつ売上げが上がっていったそうです。彼女は、今では売れ続ける販売員です。

✦売れ続ける販売員の考え方

さて、ここまで売れ続ける販売員の具体的な考え方を、6つを事例を交えながらお話ししてきました。私はこれらを「売らなくちゃ!」と思う日々の中で自然にやっていて、いつの間にか自分自身の習慣になっていました。そして、気がつくと店の売上げが上がっていて、私自身も売れ続ける販売員になっていたのです。ですから今、あなたにお話ししてきたさまざまな効果は、結果が出た後、スタッフに教えるために自分のやっていたことを分析したことでわかったのです。

効果がわかってからは、スタッフに教えるときも、効果を先に話さず、ひとつのことを徹底的にやってもらいスタッフの気持ちの変化を細かく聞いていきました。すると、それぞれがいろいろなことに気づきながら変化していく光景を何度も目にしたのです。売れ続ける販売員の考え方を実践し続ける過程で、しだいに周囲に振り回されることが減り、ブレなくなっていくスタッフを数え切れないほど見てきました。

ですから、効果を先に考えて行動するのではなく、まずはこれらのことをこころを込めてやり、とにかく毎日続けてみることです。それでお客様に喜んでいただけて売上げにつながったら、それはあなたの「自信」になります。順番はありません。どこからでもいいので、まずはひとつ実行継続してみてください。そして、あなたの「自信」を増やしてください。それが、売れ続ける販売員への最初の一歩なのです。

2章

あきらめない こころづくり

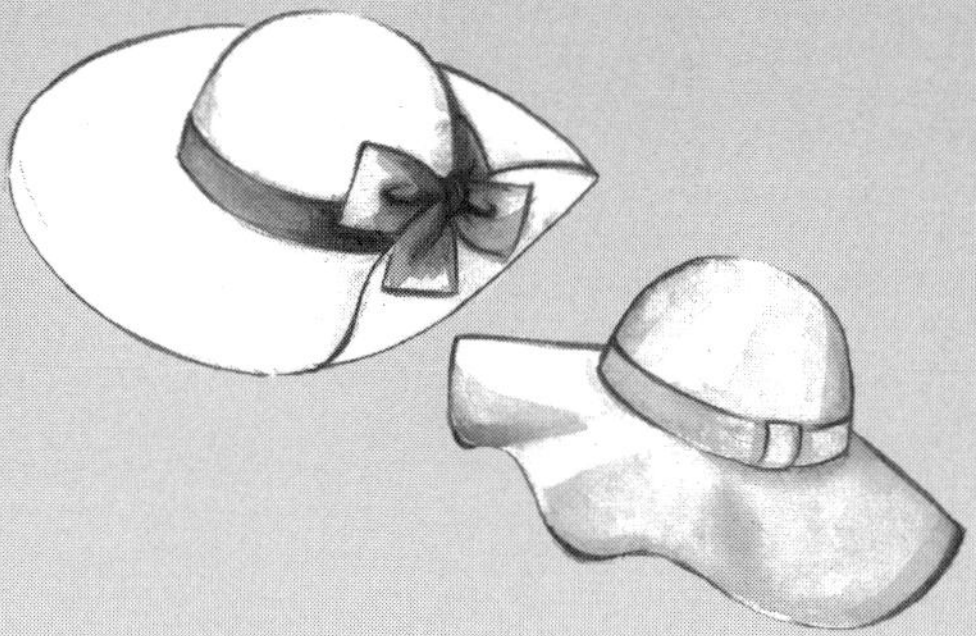

こころのあり方が結果になる

✦売り方ではなくこころのあり方

この章では、売れ続ける販売員がいつの間にか共通して持っていた「あきらめないこころ」についてお話ししていきます。売れ続けるために、なぜ「あきらめないこころ」が必要なのでしょうか。それは、**こころのあり方が結果になる**からです。

ここで言う「こころのあり方」とは、**販売員がその日こころの中で思ったり感じたりしていること**です。

あなたは、売上げが取れないと、売り方を教えてほしいと思うかもしれません。でも、「売り方ではなくこころのあり方」が、その日の売上げに直結しているのです。まずは、そのことをあなたに理解してもらうために、実例をいくつかあげます。

✦こころのあり方は結果

Uさんは、2年目の販売員です。朝、カウンター内にいると、お客様が足早に店に入ってきて「昨日買ったスカートが汚れていたのだけど！」とUさんを睨みつけました。すぐにお詫びして新しいものと交換し、大事には至りませんでしたが、Uさんはこころが動揺してしまい、そのあと接客についても朝のお客様の怒った顔が脳裏に焼きついて笑顔になれません。Uさんはその日、取り置きのニット1枚の売上げだけでした。

Eさんは、朝から3客連続でお客様にフラれました。その次のお客様にも「なんか、感じ悪そうだな、このお客様」と思いながらお声がけすると、「ゆっくり見たいから話しかけないで」と言われてしまいました。Eさんは驚きました。でも、最初に自分がお声がけしたし、もしかしたら何か買ってくれるかもしれないと、少し距離を置いて様子を見ていると、お客様は気になるワンピースを手に持って、一番近くにいたEさんを通り過ぎて別のスタッフに「この色違いある?」と話しかけました。

スタッフは、Eさんが接客していると思っていたので一瞬、戸惑いましたが接客に入ると、そのお客様はワンピースを買ってくださいました。Eさんは、「何で、私じゃダメなの?」と、自分が全否定されたような気持ちになって落ち込みました。

このどちらのパターンも、販売員のこころのあり方が結果になっていることはおわかりいただけたでしょうか。

Uさんのこころは、朝のお客様の怒った顔と言われた言葉でいっぱいです。自分が接客したお客様でもないのに、何で私があんな怖い顔をされなくちゃいけないのだろう?　他のお客様も怒り出すのではないかと妙にビクビクしてしまい、必要以上に作り笑顔になったり、お客様から言われてもいないのに、取り置きをお勧めするような不自然な行動に出てしまいました。

Eさんは、連続でフラれ続けることで「私は今日、ダメなんじゃないのか」と、こころは不安でいっぱいです。接客しているときは数パーセントの淡い期待を抱くのですが、フラれるとその何倍もガッカリして、それを打ち消すかのように「やっぱり」「思っていた通り」と自分自身を納得させ、それが売れないことへの根拠になっていきます。

そして「やっぱり、今日はダメなのだ」ということが、こころの中で確信に変わり、それが期待通りの現実になります。これも、お客様を接客しているときのEさんの「きっとお客様も買わないですよね」というこころのあり方が言動に出ているのです。お客様はそれを敏感に感じ取ります。そういう販売員との会話はこころに響かないし、お勧めされても商品が輝いて見えないため買うことはありません。

このように、あなたのこころのあり方は、実はそのままお客様に伝わっているのです。

他にも、すごく嫌なことがあった日はコンビニの店員の感じが悪かったり、そのことを話したくて友達に電話したりメールしてもすぐに連絡が取れず、さらに落ち込んだりしたことはないでしょうか。これらもあなたの〝ムカつく〟というこころのあり方が〝ムカつく〟現実という結果になっているだけなのです。

これで、「**こころのあり方が結果になる**」ということがより理解できたと思います。

✦こころのあり方の上に技術がある

売り方は、多くの販売員はそれほど大きくは変わるものではありません。しかし、その日大きく売れる販売員とまったく売れない販売員がいます。

これは、売り方の差ではなく、こころのあり方の差なのです。同じ接客や提案の仕方をしても、その日こころにある感情や考え方の差が、そのまま目に見える売上結果の差になるのです。

イメージとしては、**こころの中の根底に「あり方」があって、その上に「売り方」が乗っかっている感じ**です。

ですから本書でも、売り方より先に考え方やこころのあり方をお伝えしているのです。いくら売り方が優れていても、こころのあり方がズレていればお客様のこころに響くことはないし、購買にもつながりません。

私自身も、あなたが今経験していることを山ほどしてきました。だからこそ、こころが卑屈になっていたり、お客様に優しくないこころのあり方が、売れなかった原因だと気づくことができました。

それからです。なるべく、起きる出来事に影響されないことを心がけたのは。その結果、「あきらめないこころ」になっていきました。では早速、その具体的な考え方や行動の仕方をお伝えしていきます。

お客様にフラれたときのこころのあり方

✦フラれたときは気持ちを切り替える

販売員が落ち込んであきらめてしまう原因で最も多いのは、お客様にフラれたときではないでしょうか。とくに連続でフラれると、どんどん落ち込んでいきます。その落ち込んだ気持ちを切り替えられずに、「あきらめるこころ」になって売れないという結果になるのです。こちらが一所懸命接客したのに、「考えます」「他も回ってきます」と言われたときの気持ちは何とも言えないものです。

とくに、それが連続で続くと、大げさではなく、一瞬、気が遠くなることもあります。私も、お客様にフラれた経験を話しはじめたら、1週間徹夜でも語りつくせないくらいあります。それでも、私は売れ続けていたのです。フラれることもあるけれど、結果はみんなよりダントツに売れていたのです。なぜかと言うと、落ち込むこともありましたが、切り替えも早かったからだと思います。

ですが、これは最初からではありません。フラれながらも、気持ちを切り替えるコツを無意識に見つけ出して、あきらめないこころにシフトしていったのです。

では、あきらめないこころへの最初の一歩として、お客様にフラれたときの落ち込んだ気持ちを素早く切り替えられる考え方や行動をお伝えしていきます。なかでも、今まで教えてきた販売員から人気があったものをご紹介します。

✦フラれることも接客

私が店長だった頃、あるスタッフが1人だけ、夕方まで個人売上げがゼロでした。懸命に接客しているのですが、フラれ続けています。その日は忙しく、他のスタッフは次々にお客様を接客してお買い上げにつながっているのですが、Kさんだけはお買い上げにつながりません。しだいに、自信なさげになっているのがハッキリとわかります。かき入れ時だったため、私は同時に何人ものお客様を接客していましたが、見ていられなくなり、お客様を試着室にご案内した一瞬の隙にKさんを呼びました。

「K、あなた、接客したお客様はみなさん買ってくれると思っているの?」

「いえ……」

「そうよね、接客したお客様みなさんが100%買うわけじゃないということはわかっているわよね」

「はい」

「じゃあ、フラれても落ち込む必要ないじゃない！　フラれることも全部引っくるめて接客よ！　今日はもう1日分フラれたから大丈夫！　次のお客様はきっと買ってくれる！」

その一瞬で、Kさんの表情が変わりました。そこから、Kさんの快進撃がはじまったのです。その日、Kさんは見事に個人予算を達成することができました。

✦自転車の車輪

自転車に乗って坂道を上るとき、最初に車輪が重く左右に揺れたり転びそうになることがあります。

安定して走れるようになるまでには、時間がかかると思います。

私は、自転車に乗った地点を朝店に立ったとき、そして、坂道を上り切ったところを、自分の接客が軌道に乗ったところと考えます。その先のゴールまでは平らで楽な道で、予算まで「スーッ」と行けるイメージです。軌道とは電車などを通す道で、そこにタイヤがはまるとスムーズに前に進める線路のようなものです。

つまり、軌道を探しあててそこに乗ればスーッとゴールまで行くことができますが、そこに乗るまでの坂道は、自転車の車輪と一緒で不安定ですから、フラれるのも当然なのです。

それでも、坂道を上がる重さや向かい風に負けず「えいっ」と懸命に漕いでいると、接客が軌道に乗るまでの時間も早くなるし、その後ゴールまでの平らな道では足を離しても勝手に進んで行くことも可能になるのです。

このように、坂道で不安定さに負けず、あきらめないこころでどれだけ懸命に漕げるかが最も大切なのです。

販売員Fさんは、5年目の販売員です。彼女は朝、お客様にフラれると、いちいちカウンターやストックに入って落ち込んでいたそうです。ですが、この話を聞いてからは、「今、自分は坂道だから不安定なんだ。フラれてもいいんだ」と思えるようになったそうです。

✦来たら行く

お客様にフラれると感情的になるのは、一所懸命接客していれば仕方がないことかもしれません。でも、それをやっているとあなた自身が疲れないでしょうか。1人にフラれるたびに、仲間が1客お買い上げにつながるたびに落ち込むほど、気力や体力を消耗することはありません。

ある週末の午後、いちいち落ち込んでいるCさんを見たときに私が言った言葉がこれです。「お客様が入店されたら、行ってお声がけをする。来たら行く。来たら行く。ただそれだけ」閉店後、Cさんはこう言ってくれました。

「ありがとうございました！　あのひと言で、地に足が着きました。私は、どうして周りが売れるたびにいちいち感情的になっているのだろう……そうか、来たら行くだけだよね、と冷静になることができました。そう思ったら、周りやお客様の言葉が気にならなくなって私らしい接客ができたのです」

いかがでしょうか。ピンとくる考え方はありましたか。もしあったら、それをあなたのこころの引き出しに入れておいてください。

「買うか買わないか」はお客様が決めること

✦販売員の仕事とは

さて、そもそもあなたはお客様にフラれたとき、どうして落ち込むのでしょうか。

一所懸命接客したのに買ってくれなかったから、何着も試着したのに買ってくれなかったから……というように、「きっと買ってくれるだろう」というあなたの期待にお客様が応えてくれなかった。つまり、お客様が「買わなかった」という事実が、あなたを落ち込ませるのではないでしょうか。

それは、痛いほどわかります。私自身はというと、売れないとき「どうして、私だけが」という孤独感や、「私はダメだ」という自責の気持ちが込み上げていました。でも、売れ続ける販売員になるにしたがって、そういう気持ちは消えていたのです。

その後、スタッフを見ていて、改めて多くの販売員が、店で「あきらめたこころ」になるのはお客様にフラれるからだとわかったときに、自分が無意識に気持ちを切り替えたり落ち込むことを避けるこころづくりをやってきていることに気がつきました。それが、今までお話ししてきたことです。そして、その根底にあったのが、今からお話しする「**商品を買うか**

買わないかはお客様が決めること」という考え方です。

販売員Iさんの店は今日、イベント初日です。「絶対、売ってやる」と、やる気満々のIさんです。店に入店されるお客様を次々に接客していき、ご試着室に案内していきますが連続でフラれています。お客様が「考えます」とIさんに商品を返すたびに顔が素に戻り、「ありがとうございました」の言葉がキツくなっていきます。次のお客様も、「他も見てからまた来ます」とIさんに言いました。すると、Iさんは我慢の限界が来たのか、お客様に笑顔も会釈もなく、商品を受け取り店内に戻しはじめたのです。

そのお客様はIさんの態度にご立腹されて、「責任者の方いますか」と、たいへんなクレームになってしまったのです。店長がIさんに事情を聞くと、Iさんは、「早く売上げを取らないといけないのになかなか決まらなくて」「フラれてばかりで何も売れなくて焦っていた」と言いました。きっと、早く売上げを取らないといけないのにお客様が買ってくれなかった、と言いたかったのでしょう。

Iさんのように「売ってやる」と思っていると、自分本位な接客態度になります。それは、買うお客様はよい方・買わないお客様は悪い方、売れた自分はよい・売れなかった自分はダメというように、結果だけですべてのいい悪いを決めてしまうからです。

いいですか。ここでハッキリ言っておきます。**販売員は、お客様が購買を決定するその手**

前の商品提案までが仕事です。入店されたお客様とコミュニケーションを取りながらお客様のニーズに合う、お似合いになる自店の商品をお勧めするまでが、あなたの仕事なのです。

◆あなたが知らないお客様の背景

お客様の背景には、実にさまざまなことがあります。

たとえば、あなたがとても感じのいい接客をしてお客様のニーズにぴったり合ったものをお勧めしたとします。でも、お客様は先週の海外旅行で、思った以上の出費をしてしまいました。来月は毎日お弁当をつくらなければならないような状況です。それでも、春めいて暖かくなってきたので、ちょっと春物が見たくなりました。とても感じのいい販売員が試着を勧めてくれたので「じゃあ、着るだけ」と言って着てみました。すると、とても似合っていたのでほしくなってしまいました。けれど、これ以上の出費はできません。

あなたに「考えます」と言ったお客様は、このような背景があるかもしれません。そんなとき、その状況を販売員に話すお客様もいますが、話さないで「考えます」と言う人もいるのです。ちなみに私だったら話しません。初めて会った人が、いくら感じがよくても自分の細かい事情を話すことはほとんどありません。ですから、いちいち落ち込む必要はないのです。

✦接客・販売とは

私は、接客・販売をこのように定義づけしています。

「接客」→お客様にこころを寄せること

これは、お客様に好意を持って興味を持って接することです。お客様は、何らかの理由で数ある店の中からあなたの店に今、入店してきて商品をご覧になっているのです。それだけで、「どうしてだろう」とは思いませんか。「ありがたいな」と感じませんか。

「販売」→自店の商品を提案すること

販売は、商品を売ることではありません。店内でこころを寄せたお客様のニーズにお応えできる商品やお似合いだと感じる商品をお見せしながら、販売員としての自分の考えをお客様にお話ししていくことです。

ですから、Iさんもお客様がお買い上げにならなかったことで、自分やお客様に絶望しなくていいのです。あなたが、お客様にフラれて落ち込んだりあきらめたりするのは、お客様に売るところまでが接客・販売の仕事だと思っているからです。そうではないのです。

あなたの仕事は、お客様にこころを寄せて、商品を提案することなのです。

マイナスな気持ちを吐き出す

✦マイナスな気持ちを吐き出す方法

ではもうひとつ。次は、あなたのこころがマイナスな感情でいっぱいになったときにやると効果的な行動をお伝えします。それは、店内で商品をたたみながら、あるいはディスプレイを変えながら、「フウ〜」「ハア〜」とこっそり息を吐き出しながら動くことです。この方法は私自身、昔から無意識にやっていることで、気持ちを切り替えるには最も効果的だと感じています。

やり方はとても簡単です。

①口から息を吸い、お腹をめいっぱい膨らませます。
②口から息を吐き出しながら、怒っているお客様の顔・目・言われた言葉・言われている自分やお客様にフラれたときのガッカリしている自分自身など、あなたのこころの中を占めているマイナスな映像や気持ちをこころと頭から出すイメージで、息を吐きながら肩の力も緩めていきます。

※吸うときも吐くときも、しっかりとお腹を膨らませたりへこませたりしながら行なってください。とくに、吐くときは少しずつでいいのでお腹の底の息まで吐き切り、マイナスの気持ちを出し切ってください。ため息にしたほうが出しやすい場合もあります。

ポイントは、動きながら周りに気づかれないようにさりげなくやることです。

✦気づいたきっかけ

イライラしているときや焦っているとき、あるいはピンチのときなど、あなたの気持ちがマイナスになってるときは、自然と呼吸が浅くなっているものです。

私は以前、自分も店もまったく売れない大ピンチに陥ったときに、お客様を接客している自分の姿が鏡越しに目に入りました。本来はなで肩なのに、いかり肩のように肩が上がっていて、ものすごく前のめりになっているその姿は、今にもお客様に飛びかかりそうでした。呼吸が浅くなっている自分の姿勢に驚きました。

そのようなときは、お客様を接客しても、早く商品をお勧めしなければ、とお客様の気持ちを無視して早口にしゃべったり、商品を取ろうと思ったら隣に置いてあったアクセサリーを落としてしまうなど、とにかく落ち着きがなく、お客様を見る余裕もありません。

そんなときに、ヨガでやっていたマイナスな気持ちを吐き出す呼吸をふと思い出し、何気なくやってみるとなんだかスッキリしたのです。視野が狭くなっていてマイナスな感情にとらわれていた気持ちがスーッと消えて視野がグンと広がったのです。それからは、そういう場面になりそうな予感がしたときやそうなってしまったときに、その気持ちを外に吐き出すようにしています。

✦マイナスな気持ちを吐き出した効果

Oさんは3年目の販売員です。彼女は先輩と後輩に挟まれている立場上、後輩の指導やお休みの先輩のお客様対応の引き継ぎを受けることが多く、なかなか接客につくことができずに悶々とした日々が続いていました。そんなとき、私は彼女にこの呼吸法を教えました。その後、彼女からこのようなメッセージをいただきました。

「先日、クレームを対応したのですが、お客様にキツイことを言われて気弱になってしまった気持ちをなかなか切り替えられずにいました。そんなとき、息を吐き出すことを思い出しました。店内で業務をしながら深く息を吸い込み、お客様に言われた言葉やそのときの自分の驚いた気持ちが自分の中から出て行くことをイメージして吐き出しながら動いてみました。すると、だんだん落ち着いてきて、すべてはさっき終わったことだと思えるようになってきたのです。これを、気持ちが切り替わるというのですね」

私は、この呼吸法をはじめて、しばらくして気がつきました。息を吐くと、落ち着いて気持ちが整理されるのです。数分前の出来事が、過去のこととしてこころの中で認識できるようになり、もう終わったことだとわかるようになるのだと思います。悔しさや後悔もありますが、それは横に置いて「とにかく、今は接客しよう」と〝今〟に戻れるのです。

あきらめない気持ちをこころに刻む

✦無意識に毎朝目標売上げをこころに刻んでいた

さて、ここからはあきらめないこころについてです。

今からお伝えする方法をやっていた店長時代は、店の1日の売上げの約半分を私がつくっていて、もちろん部下もまったく育ってはいませんでした。「私が全部やらなくちゃ」と、いつも必死にがんばっていた毎日でした。それはもう、毎朝起きたときから「今日も絶対予算取ってやる！」と、頭から湯気が出るほどの興奮状態で周りはすべて敵、という状態でした。

そんな時期に毎朝、無意識に電車の中でやっていた日課がこころの中に分厚い鉄板をイメージして、今日の自分の個人予算をそこに刻むことです。後でわかりましたが、これをやるのとやらないのでは大違いでした。やった日は「私は、最後まであきらめない。1人でもやる」と、売上げがひどく悪い日の閉店間際でも、足がカウンターに向かい、締め作業に入るのではなく店の前に小走りに出て行き、まだ通路を歩いているお客様1人ひとりと目を合わせてニッコリと微笑み、「どうぞ、ご覧になっていってください」と閉店してからもやっているほどでした。

無意識でやっていたこの自分の行為になぜ気づいたのかというと、初めてのスタッフ研修をやる前に内容を考えているときのことでした。ふと、自分がこれをやっている光景が浮かんだのです。もしかしたら、これがあきらめないこころの原動力になっているのかもしれないと思い、研修でスタッフにやってもらったところ、効果てき面でした。

今思うと、辛かった時代に、最後まで目標をあきらめず、他の全員があきらめてもひとりで予算に立ち向かう、ということを自分自身に約束する行為だったように感じます。

それでは、具体的なやり方をお教えしましょう。まずはあの頃の私がやっていた、そのままでお伝えします。

✦こころへの刻み方

①軽く目を閉じて深い呼吸をしながら、意識をこころに持っていきます。

②こころの中に分厚い鉄板があることをイメージします。

③そこに彫刻刀で、今日の自分の個人予算を強く深く彫ります。

※このとき、彫刻刀を自分の手にしっかり握り締めて、力いっぱい大きく深く彫るイメージです。

④個人予算が彫られた鉄板がこころにあることをしっかりイメージしながら、深い呼吸を

数回繰り返します。

⑤最後に、こころの中で「今日もあきらめない！　予算を絶対に取る」と何度か力強く宣言します。

いかがでしたか。イメージできたでしょうか。少し、苦しくなりませんでしたか。

これは、私が「自分1人でもやらなければならない」と、ひと昔前の苦しかった時期にやっていたことですから、きっとこころが苦しくなった方もいると思います。

今は、それぞれのオリジナルがあっていいと思っています。人それぞれイメージしやすいものは違いますから、あなたがやるときは、②の「鉄板」や③の「手に持つもの」は、あなたがイメージしやすいものにしてください。白いキャンバスに筆で書くのでもいいし、ノートにボールペンで書いてもいいのです。大切なのは、あなたがすぐに思い出せること。

ですから、イメージしやすいものでやってみてください。これをやるときのポイントは、椅子に座って少し足を開いて手のひらを上に向けて、リラックスした状態でやることです。

最初は、深呼吸をしながらいろいろなことがグルグルと頭をよぎったり、その日によって集中できたりできなかったりすることがあるかもしれません。それでも、毎日チャレンジすることをお勧めします。

そして、あきらめそうになったときは、こころの中にある自分との約束を思い出してみてください。私自身は、毎日の日課なので、その日の自分に必要だと思う言葉を刻んでいます。そして思い出したときは、こころを触っています。これはオリンピック選手が試合前に胸の部分をギュッと握ったり、確認するかのように軽く叩いたりする姿に似ていないでしょうか。

✦こころに刻んだ効果

この「こころへの刻み方」を、初めての研修日にスタッフにレクチャーしたときのことをお話しします。

その日は、隣の会議室で上司たちが大声で会議をしていました。研修をはじめたものの、うるさくてスタッフも落ち着かない様子でした。このような状況でやっても効果があるかどうか不安でしたが、カリキュラム通りに進めることしかできなかったそのときの私は、意を決してこの方法をスタッフにやってもらいました。

その後、昼食をすませて研修再開のとき、「あれっ、さっき隣でやっていた会議はいつ終りましたか？」と、スタッフの１人から聞かれました。「そういえば、途中から聞こえなくなった」――教えていた私自身も、隣の会議のことをすっかり忘れてしまっていました。

後で、会議に出ていた上司に聞くと、「昼まではやっていたよ」とのことでした。私は確信しました。どんな状況でも、集中力を持って最後まで行動できたのは、毎朝電車の中でこれをやっていたからだということを。それからも、スタッフに日課にしてもらい、後日、体験談を聞いてみると、先ほどの「閉店まであと10分。予算まであと5万円」という状況のときも、これをやっている日は「絶対にあきらめない」とこころが現実から逃げず、最後まであきらめない気持ちを行動に出せたと言うスタッフが多数いたのです。

「売れない」と言葉に出して言わない

✦甘えられなかったからこそ気づいたこと

私は、入社当時から2人体制の店だったこともあり、1人で店に立つことが多かったのです。1人で店に立つということは、自分が売れなければ、もちろん店の売上げもゼロということです。ですから、具合が悪かろうと何があっても店に行って接客をしていました。

そんな、毎日が必死だった私は、ある日、同じ年に入社した隣の店のスタッフが、店長に「店長、今日私、全然売れないんです。どうしてだと思いますか」と言っている光景を目にしました。そのとき、私はすごく嫌な気持ちになりました。きっとうらやましかったのだと思います。私は、甘えたくても甘えられる先輩がいなくて、わからなくてもすぐに聞ける人すらいなかったからです。

でも、感傷に浸るわけにはいきません。そこで立ち止まったら落ち込んで立ち直ることができず、私の売上げはゼロで終わってしまう、とこころのどこかでわかっていたからです。私がゼロということは、店の売上げがゼロということですから。

その数週間後、私は店長になりました。そのとき初めて、自分の今までがこれでよかったのだと思うことができました。

甘えずに愚痴も言わずにやってきたからこそ、早い時期に店長になれたのだと確信したからです。立ち止まれなかった環境だったからこそ、走り続けることができたことに感謝しました。その後、いろいろなスタッフを見てきた中で、感じることがありました。

それは、自分が売れていないということを言葉にして外に発する子の多いことと、**売れないと発する子は、それがその通りの結果になる確率が高い**ということでした。

あなたは、お客様に立て続けにフラれたとき、周りに「今日は売れない」とか「今日は私、フラれてばかり」と言っていないでしょうか。もしそうだとしたら、自分が売れていないことを人に言う理由は何でしょうか。

✦あなたの発する言葉の影響力

元部下のWさんは、ある日の個人予算10万円に対して、夕方まで９８００円でした。閉店まであと2時間しかありません。Wさんは、カウンターにいる先輩のそばに行って言いました。「今日、私全然売れないのです」と。その後の接客でもフラれてしまいました。すると今度は、そばにいた後輩に「私、今日ダメだ」と言いました。そんなWさんを見て、私は「周りに、自分が売れていないと声に出して言いたくなる理由を考えなさい！ それが、自分と周りにいい影響があるのだったら言ってもかまわない。でも、そうでないなら、二度と言わないで」と叱りつけました。それから3週間後、Wさんの店に行きました。売上げを見てみると、Wさんの個人売りが確実に上がっていたのです。Wさんが店頭に立っている姿は、以前とは違っていて適度な緊張感を保ち、芯が通った立ち姿勢でした。その日、Wさんの希望でミーティングをしました。

「先日は申し訳ありませんでした。叱られた直後は、すぐには何も考えられませんでした。でも、次に自分がまた周りに言いたくなったときに、立ち止まってなぜ自分が言おうとするのかを考えてみました。そうしたら、売れていないことを周りに言うことで、保険をかけていることに気がつきました。売れないことを先に言ってわかってもらうことで、売れなかったときに、「だから言ったでしょ」と言える状況にしておきたかったのです。先に言っておくことで安心しようとしていました」と言いました。

彼女は、入社したときからいつか店長になりたいと言っていました。でも、いつの日かそれを忘れてしまっていたのかもしれません。彼女は現在大型店の店長で、もちろん売れ続ける販売員です。

またAさんは、店長候補として中途入社したスタッフでした。彼女が店舗配属されて2週間経った頃、お店に行ってみました。入社した頃よりもモチベーションが下がっているように見えたので、それとなく聞いてみたのです。すると、最初は黙っていたAさんがポツリポツリと話してくれました。売上げが厳しい日も、あきらめずに接客をしようと最後まで店頭にいると、店長が「今日はもうダメだと思うから、レジ締めの準備して」と言ってきたり、店長自身が接客でフラれると「私、今日ダメかも」と、そのたびごとにAさんに言ってくるそうです。Aさんは、「店長がそう言ってくるたびに、こころが引っ張られてしまいそうになります。店長ですら売れていないのに私は売れているのだから、今日はもうこれくらいでいいか、と予算を達成していないのに、妥協しそうな気持ちになってしまうのです」と話してくれました。それから1週間、私はAさんの店に入り、店長に繰り返し注意し続けました。

すると、少しずつ店長にも芯が通りはじめてきたのです。その後、Aさんは別店舗の店長になりました。彼女は売れ続ける販売員です。

あなたは「私のひと言くらい」と思われるかもしれません。ですが、実はあなたのひと言はとても影響力があるのです。

✦言葉に出すことは結果になる

このように、あなたが周りに「今日は売れないのです」と言うことは、「私は今日、売れない人です」と宣言しているようなものです。その時点で、こころはあきらめてしまっているのです。ですから、もちろん結果も出ません。

でも、この話を聞いたあなたは今から、「今日はダメだ」と思ったときがチャンスです。その気持ちを「グッ」と飲み込んでみてください。そんなときほど、お客様にこころを寄せて懸命に接客・販売をするのです。きっと、気がつくとあなたの中にも、あきらめないこころがしっかりとできているはずです。

言い訳をせず今日やり尽くす

✦無意識に言い訳をしていませんか

販売員Iさんは3年目です。彼女は外を見て雨が降っていると「あ、今日は雨だし売れないな」、店の前が閑散としていると「お客様がいないから売れない」と、目に入るものすべてを今日売れない理由にして、毎日を過ごしてきました。

そして、閉店10分くらい前になると、「よし」と気持ちを切り替えて向かう場所はレジ。彼女にとって気持ちを切り替えるとは「よし、明日がんばろう」と、明日がんばることを誓うことでした。でも、その次の日も雨。Iさんはまた気持ちを切り替えます。「よし、明日こそはきっと晴れる。明日がんばろう」と。

ここまで読んできたあなたは、きっともうおわかりのはずです。Iさんは、気持ちを切り替えているのではなく、現実から逃げているのです。

そもそも、雨だから売れない、晴れだから売れるという事実はありません。あるのは、あなたのそのようなこころのあり方が行動になり、雨の日は売れない現実になっているということだけです。雨の日にわざわざ買い物に来るということは、目的があって来店されるお客様が多いのですから、じっくりとお話をうかがえば、いつも以上に明確なニーズを話してくれる方が多いのです。まさに、販売員が商品提案しやすいチャンスデーなのです。

ですから、Ｉさんは言い訳を探すことではなく、いつも以上に入店したお客様のお話を聞いて、最後まであきらめずにお客様を接客・販売するだけなのです。

✦「ダメかも」と思ったところから、あなたにできることをやっていますか

Ｆさんが、私の部下になった頃の朝礼です。

「Ｆさん、昨日は個人予算15万円に対して４万円だね。昨日のあなたが感じたことや接客した内容を聞かせて」

「はい、昨日は朝からお客様の返品があって、その後もお客様が本当に少なくて、それでも入ってきたお客様には接客についたのですが、探しているものがハッキリしない方が多くて……」

「うん、それで？」

「あ、はい。それでも、いろいろとお勧めはしてみたのですが、何を着ても気に入らないご様子でした」

Ｆさんが話してくれた、昨日の状況をまとめます。

①返品があった
②お客様が少ない
③探しているものがハッキリしていない
④勧めても気に入らない

あなたは、これをどう思いますか。これらはFさんの言い訳です。言い訳とは〝保身〟です。保身とは、自分の身を守ること。つまり、「私はやることはやっていました。売れなかったのは、周りの人や状況のせいです」と言っているのです。私が販売員に気づいてほしいところはここです。実は、Fさんはやるべきことをやっていないのです。

①返品があったことで気持ちが落ち込んだのであれば、それを切り替えるためにあなたは何をしましたか。

②お客様が少なくても、周りの店で予算達成していたところはあるはずです。お客様が少なかったら、それを解決するためにどのような行動をしましたか。

③お客様がハッキリしないのは、Fさんの質問の仕方にも問題があるかもしれませんよね。そこを変化させて、次のお客様に臨みましたか。

④気に入らないのは、Fさんの勧め方や聞き方がズレているのかもしれません。そこを改

善して次のお客様を接客しましたか。

✦言い訳を考えるのではなく、今できることを行動する

人のせいにするということは、自分自身を修正改善しないのですから、成長することはできません。

と言っても、自分のせいにして自分自身を責めるのではなく、そうなった状況を受け止めて、行動を修正したり、自分の中にある他の考え方を行動に出してみるのです。

言い訳というのは、〝こころのクセ〟なのです。言い訳をしていると、とても楽ですが、まったく成長することができません。

Ｉさんやｆさんにもこのことを話していくと、しだいに「お客様に曖昧な質問の仕方をしていたので具体的なことを聞いてみました」とか、「朝、返品があったのですが、新作が入ってきたのでお勧めしたら交換になりました」ということができるようになったのです。

私は、どんなに厳しい日があっても徹底的に思いつくことをやり尽くしました。それは、後悔をしたくなかったからです。それでも、もちろん結果が出ない日もたくさんありました。

そんな日は閉店後、「ウワーッ、悔しい！　でもやり切った！」と声を上げて笑顔で叫んでいました。

上司から電話があり、結果を聞かれても「できることは全部やりました！　この思いは明日にぶつけます！」とだけ言って詳細は言わず、次に予算を達成したら今までの状況を含めて話をしました。すべてをやり尽くすと、どんな結果もすんなり受け入れることができて、言い訳は不思議と出てこなかったのです。

3章

あきらめないこころで
動待機

入店客数は販売スタッフの動待機しだい

✦店内待機の大切さ

あなたは、接客していないときやお客様がいない店内で、どのようなこころと動きで店に立っているでしょうか。

店内で待機しているあなたのこころのあり方と動きこそが、その日の店の入店客数を左右しているということをご存じでしょうか。お客様の入店がなければ接客できないし、接客できなければ、購買につながることもありません。ですから、販売員の店内待機は結果に直結してくるのです。

私は販売員だった頃、とにかく入店がなければ売上げが取れない。どうしたら入店してもらえるのだろう、と必死に考えて注目したのが〝待機〟でした。

1人でお客様を接客していると、次から次へとお客様が入店してきたという経験はありませんか。

お客様は店を外から見て、「あ、いいかも」と思ったら瞬時に店の雰囲気を感じます。と同時に、店のスタッフの動きも見ているのです。その間、ほんの数秒で無意識にやっていることも多いのですが、販売員の動きや雰囲気を見て感じて入店するかしないかを決める方が多いのです。

では、店に入る基準は何だと思いますか。それは、「安心できるかできないか」です。わかりやすく言うと、居心地よく商品が見られるかどうかということです。

私が思うに、お客様は店に入るときに同時に、**店から出て行きやすいかということも判断してから入店する**のではないかと思います。何も買わずに出て行っても嫌がられないかな、ということです。

ですから、1人でもお客様が店内で接客されているほうが出やすく感じられて、外のお客様は店に入りやすいのです。それほど、お客様はいろいろなことを感じて入店されるのです。

✦お客様の入店を邪魔していませんか

「Aさん、昨日は予算を大きく落としているね。Aさんの昨日の1日の状況を聞かせて」

「申し訳ございません。昨日は全然お客さんが入ってこなくて」

販売員Aさんは、ことあるごとに「お客様が入ってこない」と言うスタッフでした。

そんなAさんは、ある平日の午後買い物に行きました。月曜日ということもあり、百貨店が閑散としている中、各ショップの店内商品を遠目で見ながら自分の好みの洋服がありそうな店を探して歩いていたそうです。

すると、早速発見して、入ろうとしたそのときに、販売員の姿が目に入りました。店の中央で、2人のスタッフが手を前に重ねて片足に重心をかけて笑いながら話をしていたそうです。その瞬間、Aさんの足は止まり、入店するのをやめたそうです。

「そのスタッフの姿を見たときに、今入ったらこの2人に注目されて、何も買わなかったら店から出にくくなる、と瞬時に思いました。私たちが何も考えずに当たり前のようにやっていることが、どれだけのお客様の入店を妨げているのか、がわかりました。お客様は入ってこないのではなく、私たちがお客様を入らせていなかったのです」

あなたは朝礼時に、Aさんのようなことを言っていませんか。もしそうなら、あなたの待機状況を振り返ってください。販売員が店で待機している姿というのは、店の入口に掲げているブラントロゴよりも強力なのです。

✦動待機とは

待機には、**「静待機」**と**「動待機」**があります。先ほどの、2人で店の中央で立ち止まって話していた販売員、彼女たちは「静待機」です。それで、Aさんは入るのをやめてしまいました。

それが、店の隅であってもカウンターの中であっても、だらしない姿勢で笑いながら話している光景はお客様にいい印象は与えません。

ですから、店内では基本的に「動待機」なのです。動待機とは言葉の通り、動きながら待機をするということです。

それともうひとつ。私が言う動待機には「こころのあり方」も含まれます。

こころの目は、店の外のお客様に向けつつ、なるべく前向きなことを考えながら動くのです。叱られた直後やクレーム処理後などで気持ちが乗らなかったら、先ほどお話した、息を吐き出しながらの動待機です。

今までお話ししてきた、**こころのあり方をベースにして明るい気持ちで店内での動待機をすると、お客様を引き寄せるアンテナがあなたの上に立ちます**。そのアンテナはとても強力で、お客様は無意識に反応して引き寄せられます。

今日はあなたの店を含め、同じフロアの店はどこも予算を大幅に落としました。ところが、1ブランドだけ予算を大きく上回っていました。こんなことありませんか。

その店のスタッフは、強力なアンテナを高々と立てていたはずです。

心地よい緊張感を持つ

✦心地よい緊張感とは

では、お客様を引き寄せるアンテナの立て方を具体的にお伝えしていきましょう。

まずは、「心地よい緊張感」を持つことです。先ほどの、店内中央で話していた販売員の姿勢を想像してみてください。手を前に重ねて、片足に重心をかけていました。その販売員2人は、緊張感があるように見えるでしょうか。緊張感がなくてだらしなく見えないでしょうか。緊張感というのは、緩みなく張りつめることを言いますから、真逆です。そう見えるということは、彼女たちに緊張感はないのです。張りつめたこころは、外見に出るからです。しかし、張りつめすぎるくらい緊張していると、お客様をお迎えするときにかえって不自然になり言葉も出てこなくなります。

店内では「心地よい緊張感」です。つまり、あなた自身がやっていても気持ちのよい緊張感を持つということです。それはあなたの姿勢や動き、表情に必ず出ますから、それを見たお客様も気持ちのよい印象を受けます。双方にとって気持ちがよいのですから、お客様は磁石のようにその販売員に引き寄せられることになります。

✦売れ続ける販売員が醸し出す心地よい緊張感

販売員Uさんは、朝の業務が終了し、お客様が店内にいないと後輩の横に立って両手を前に重ねておしゃべりをし、休憩から戻ってきて店内が閑散としているとカウンターにいる先輩のそばに行って「暇ですねー」と雑談をし、お客様が入店すると、しばらくしてから気がついて、「あ、いらっしゃいませ」と近くに行ってアプローチするようなスタッフでした。

Uさんが、「暇」と言葉に出すことも、だらしのない姿勢で話していることも、先ほどお話しした通りもちろんタブーなことです。そしてもうひとつ、Uさんが大きく勘違いをしているところがあります。Uさんの、お客様が店に入ってきたら接客に入るスタンスです。

売れ続ける販売員は違います。店が百貨店に入っているのであれば、百貨店全体が自分の店、路面店であればその街全体が自分の店ととらえています。そう考えると、お客様は必ず店内にいらっしゃるし、自店の前をお客様が歩いているとき、さらにさかのぼって、お客様が百貨店の玄関や街に1歩入ったときから、目には見えなくても、お客様に見られている、という気持ちになります。だから、売れ続ける販売員には、常に自然で心地よい緊張感が漂っているのです。

事実、お客様が別のフロアや別の店にいても、販売員の高いアンテナは無意識にキャッチして感じていますから、実はお客様とのコミュニケーションは、すでにはじまっているのです。

動待機は接客だということを、売れ続ける販売員は知っています。ですから、彼女たちのアンテナをキャッチしたお客様は、それが目に入ったときに自然に店に引き寄せられるのです。

Uさんのように、緊張感なくお客様が目に見えてから「いらっしゃいませ」だと、アンテナが立っていないためお客様を引き寄せることができず、結果として先ほどのような「お客様が入ってこない」という言い訳をすることになるということがおわかりいただけたことと思います。

✦心地よい緊張感のつくり方

心地よい緊張感を持つためには、「人に見られている」と思うことです。あなたは、舞台で販売員を演じる役者です。店の周りにはたくさんの観客がいて、あなたを見ていると想像してください。

私が、心地よい緊張感をスタッフに教えるときに必ず話すことがありますので、これを参考にしてください。

あなたに仲のよい兄弟がいるとします。今日はその兄弟の結婚式で、こころは喜びでいっぱいです。あなたは受付と来賓の方々の誘導を任されました。来賓の方々は顔見知りの方も多く、あなたの顔を見て「おめでとう」「よかったね」と声をかけてくださいます。

さて、今のあなたはどんな気持ちでしょうか。

販売員Yさんは、4年目の販売員です。彼女は長身で姿勢が悪く、背中がいつも丸まっていて表情も真剣になればなるほど眉間にシワが寄り、お客様に怖い印象を与えることが多々ありました。Yさんが、私の社内研修を受けてから3週間後、Yさんの店の店長から、姿勢がよくなり表情が柔らかくなったとの連絡を受け、様子を見に店に行ってみると、たしかにモデルのような素敵なYさんがいたのです。以前の、背中が丸まり眉間にシワが寄った怖いYさんから大変身していたのです。

「私には、何でも相談できる兄がいるので、研修のときに兄の結婚式をイメージしたのです。来賓の方々からお祝いの言葉を言われるたびに、私のこころは誇らしい気持ちになりました。そして、それと同時に兄の最高の日にしてあげたいと思ったら、自然と気が引き締まったのです。上から糸で引っ張られているように背中がピンとなり、目が上に開いて口角が上がりました。店長がすぐにほめてくれたので、これでいいんだとわかりました。こころでイメージするだけで、こんなに変われるのですね」

Yさんはそのときを境に、お客様からいい意味で覚えてもらえるようになり、憧れられる販売員になったのです。

✦○○しながら「いらっしゃいませ」

私は以前、デパートや駅ビル、路面店を回り、販売員の動待機について調査したことがあります。私自身が最も入りにくいと感じたのは、販売員が固まって話している店でした。その後、スタッフにもこのことを聞いてみると、やはり、仮に業務的なことを話しているとわかったとしても、自分が店に入って行くことで販売員の話が中断し、注目されることでプレッシャーになって、「買わなかったら悪いな」という気持ちになる、という意見がとても多かったのです。同業者だからこそ、「悪いな」という気持ちが強くなるのかもしれません。もしそうであれば、動いたり散らばったり、逆のことをしながらの動待機をすればいいのです。

では、私がスタッフに教える動待機のポイントを挙げましょう。

✦入口付近での動待機は効果的

よく見かけないでしょうか。店の入口がそれほど幅が広くないのに、通路と入口の境目辺りで、作業をするわけでもなく、ただ手を前に重ねて行ったり来たりしている販売員を。これは、お客様としては非常に入りにくいものです。ちょっと入りたいなと思って立ち止まると、「いらっしゃいませ」と、そばに寄ってきてニッコリと微笑みます。「あー、少し見たいだけなのになー、なんかガッチリ寄ってこられそう」とこころが重くなり、お客様は会釈だけして通り過ぎてしまうのです。

私は、いつも入口付近で動待機をしていました。お客様を入店に促すのが得意で、私の動待機でお客様が入店してくださり、その結果、お買い上げいただくことがとても多かったのです。しかし、顔も体も通路に向けて立ったり、手を前で重ねて入口をただ右へ左へと行ったり来たりすることはありません。常に、店の前の通路と自分の体がT字になるように立ち、前を歩いたり立ち止まるお客様と向き合わないように、プレッシャーを与えないようにしていました。

もちろん、お客様が立ち止まった段階で、ジッとお客様を見たり近づくこともありません。たとえば、店の入口付近のラックや棚のほうを向いて、口角を上げて商品に触りながら待機します。そして、お客様が前を通ったら、目だけを合わせて会釈をしながら「いらっしゃいませ」と言い、微笑みの余韻だけを残し、目線は自然にお客様から触っている商品に戻します。この間、約1~2秒です。先ほども話しましたが、お客様は「安心して商品が見られるか」を判断していますから、このときの私のこころのあり方は**「どうぞ、安心して店内を**

ご覧ください」です。

お客様は、必要以上に近寄ってこない雰囲気を瞬時に感じ取りますから、そのまま気軽に入店してくださることが多かったのです。

それを見ていたスタッフは必ずそれをマネをしていましたし、教えてほしいと言ってくるスタッフは今でも少なくありません。

✦動待機中の業務に没頭しない

入口付近で通路のお客様に声がけをするときも店内で待機をしているときも、動待機は何か業務をしながら待機をすることが前提です。そして、業務に没頭するふりをするのです。業務を完成させることが目的ではなくて、お客様に入店していただくために動待機で業務をするのです。ですから、業務は途中でやめても大丈夫なことです。

たとえば、ラックの商品を整えたり、タグが商品から出ていないかを確認したりレイアウトやディスプレイを変えたり、鏡を拭いたりということです。

それと、入口付近に1~2人動待機をしているスタッフがいたら、後のスタッフは店全体に散らばってください。安心して店内で商品を見ることができるということを、なるべく一目で感じていただけるように、お客様のプレッシャーになることはできるだけ取り除くことが大切です。

✦長くなる話はお客様から見えないところで

スタッフ間の話が長くなりそうなときは、お客様から見えない場所で行ないます。これは本来、当たり前のことなのですが、徹底されていない店がとても多いのです。

長くなる業務連絡を、平気で店の真ん中や、ひどいときは入口を封鎖して話している販売スタッフをよく見かけます。

もし思い当たることがあったら、そのときのあなたの表情を思い出してみてください。伝えることや聞くことが優先になっていて、眉間にシワが寄り、真剣な表情になっていないでしょうか。その光景は、入店しようとしたお客様を知らないうちに遠ざけているのです。

長くなる話は、お客様から見えないところでするのが鉄則です。ですが、もし、急を要することであれば「見られている」という意識で話してください。見られている気持ちになるとあなたの表情はどうなりますか。口角が上がり表情も大きく柔らかくなりませんか。

すると、そのやり取りは一瞬で店の外のお客様へのアピールになります。感じのよい販売員たちの業務的なやり取りとしてお客様の目に映り、強力なアンテナになります。

そのアンテナに、お客様は間違いなく引き寄せられるはずです。

✦店内を小走る

私と店がブランドギネスの売上げを出しはじめた頃、店のスタッフは少なく、とくに土日・祝日は、1人で何人ものお客様をかけ持ちしながら接客をせざるを得ない状況でした。

接客中にお客様にデザイン違いの商品をお見せするときや、試着室から出てきたお客様に小走りで駆け寄っていると、いつの間にか、何かをカウンターに取りに行ったり電話が鳴ったり、お客様が店内にいないときも小走りすることがクセになっていました。

そんな私に、いつの日かお客様が声をかけてくださるようになりました。「お姉さん、いつも元気よねえ」「店の前を通ると、いつも元気に走っている姿が楽しそうで、ついつい入りたくなっちゃうのよね」と。他にも、店の前で「お姉さん、がんばって」と手を振ってくださる方もいらっしゃいました。

とくに、**動待機での小走りは効果大です**。お客様は店内にいなくても、スタッフが小走りに動いていることにより、業務に意識が向いていると思い、お客様が店内にグッと入りやすくなるのです。

✦小走る効果

Oさんは、5年目の販売員です。小走りを実践して、すぐに変化があったそうです。

ある雨の月曜日、その日はOさんと後輩2人の3人体制でした。朝からフロアは閑散としています。Oさんは、覚えたての動待機を実践しようと、店の入口に並ぶ2体のディスプレイを変えはじめました。

スタッフに、「急いでこの色違いをストックから持ってきて」「これをストックに至急しまってきて」「ディスプレイの前に置く商品のプライスカードをつくって」と、スタッフ2人を店内で棒立ちさせることなく動かし、Oさん自身も見られている意識で、笑顔でスタッフに指示を出し、レイアウト替えをするなど、店内を小走りしながら動待機をしていました。

すると、お客様が1人入店され、接客してお買い上げいただきました。帰り際、お客様はOさんに、「明日着る洋服をどうしても今日探さないとと思い、雨だったけど買い物に来たのです。でも、どこの販売員も待ち構えたように立っているか、入っても声すらかけてくれなかったりでどうしようかと思い歩いていたら、このお店の前を通りかかり、みなさんが感じよくせっせと動く姿に、何だか吸い込まれてしまいました。おかげでいい買い物ができました。ありがとう」と言ってお帰りになったそうです。

Oさんが、そのお客様を接客している間もポツポツと、途切れることなくお客様の入店があり、後輩2人の接客もお買い上げにつながり、結局その日は夕方に予算を達成してしまったそうです。Oさんは、「動待機が、こんなにもお客様に大きな影響があるとは思ってもみませんでした。小走りで店内を動いていると、お客様がいなくても次はあれをやろうこれをやろうと考えるようになるので、暇とか売れていないとか考えることがなくなり気持ちが落ちることもなくなりました」と言っていました。Oさんは現在店長で、売れ続ける販売員です。

✦小走りはお客様から感謝される

さらに、動待機以外でも小走りをすることはこんな効果もあります。

Eさんは4年目です。元々、早足で店内を動くスタッフだったのですが、小走りをすることのメリットを話すと、さらに動待機に取り入れるようになりました。彼女も小走りをはじめると、お客様の反応がすぐにあったそうです。

「接客中に小走りで商品を持ってきてお客様にお見せすると、『ありがとう』と言われるのです。そう言われるとうれしくなって、お客様のために全力を尽くそうという思いでいっぱいになります」と満面の笑顔で話してくれました。

そうなのです。接客中に小走りで動くと、販売員が一所懸命やっていることがお客様に伝わりやすいのです。

私が、かけ持ち接客をしているときもそうでした。お客様をお待たせして、もう1人のお客様のところに、「すみません！　お待たせしました！」と、色違いやサイズ違いを持っていくと「忙しのにありがとう」と言われ、また、区切りのいいところでそのお客様から離れて、お待たせしていたお客様のところに小走りで戻ると「大丈夫よ！　ありがとう。お姉さんは売れっ子ねー」と、笑って言ってくださる方がほとんどでした。私が小走りで接客している姿でお客様にも一所懸命さが伝わり、お待ちいただく時間も心地よく店内にいていただくことができたのです。

そして、お客様の心地よい気持ちがさらに私にも伝わり、うれしくて天井高々とアンテナが伸びていき、さらに接客がノッてきました。ノッている販売員の高いアンテナに引き寄せられるお客様は跡を絶ちません。次々に接客してお買い上げにつながってしまうのです。

私は、実売期の混み合う時間帯には、同時に8人のお客様まで接客が可能でした。8人接客しているというのは、空中を飛んでいる感覚です。まるで満員の東京ドームでコンサートをしている気分でした。

そして、どのお客様も「これにします」と買ってくださる瞬間は感無量です。その頃いた百貨店では、私のかけ持ち接客は名物になっていました。

このように、小走ることは動待機には欠かせません。店に活気が出るし、あなた自身にも活気が出てくるからです。

さらにアンテナを高める方法

✦頭の中は空っぽでいい

動待機中には、頭の中で難しいことを考えないことも大切です。なぜかと言うと、何かを考えていると、お客様があなたの店の前を通ったときに瞬時に自然な笑顔や反応ができなくなるからです。

もちろん、返品やお直し等、何か理由があってご来店されるお客様への対応は準備をしておきます。でも、これから初めてあなたの店に入店してくるお客様に対して、いろいろなことを予想して考えておくことはしなくていいのです。

よく、今日のお客様にはこれをお勧めしようと待機中に考えている販売員がいますが、私はそのような未来のお客様への仮説は必要ないと考えています。どんなお客様との出会いがあるのだろう、くらいにあなたの間口を広くしておくことが大切だからです。頭で考え、これがこうだったらこうしよう、と次に来るお客様をあなたの枠にはめないでいただきたいのです。先入観を持つと、そうでなかったときのギャップに立ち止まって考えてしまい、あなたらしい接客ができなくなることがあるからです。

ですから、鼻歌交じりで手足は作業に、こころはお客様、そして頭は明るく前向きなこと、もしくは空っぽでワクワクしておくくらいがベストなのです。すると、さらにあなたのアンテナは高くなり、そこにお客様が引き寄せられて、予想もできないくらいの素敵な展開が待っています。これは事実です。

✦売れ続ける販売員は自分の直感を信じている

頭を空っぽにしておくことは、瞬時に感じるあなたの直感を大切にするということです。直感というのは、理由や理屈抜きのこころで感じることです。直感が冴えてくると、そのときその瞬間のお客様の気持ちやニーズをいち早くあなたのアンテナで察知できるようになりますから、お客様がお探しのものを話してくださったときに「あ、あの商品がいいかも」と、フィットする商品を素早く提案できるようになったり、「これも、お好きそうだな」とひらめきやすくなります。私は、この感覚だけで売れ続けてきたと言っても過言ではありません。

接客・販売のときに感じる、自分の直感を全面的に信じていました。

だからこそ、お客様一人ひとりに短時間でフィットする商品の提案はもちろん、お客様が着たことがないような商品でも、理由なく気に入っていただけると感じるものは自信を持ってお勧めすることができました。そして、それがお客様の新しい可能性の扉を開けるきっかかけになり、お客様からの長期的な信頼につながり、売れ続けることができたのです。

しかし、最初から自信があったわけではありません。売れたときと売れなかったときのことを考えていたら、最初に訳もなく思ったものをお勧めしたときのほうがうまくいくことが多い、と気づいたからです。それからは、自分の理由のない直感を信じることを意識的にやりました。その結果、お客様が買ってくださり結果につながった一つひとつが、自分を信じる自信になったのです。

✦直感力を高めるゲーム

では、ここでひとつゲームをお教えします。3人でやるので、店の仲間とぜひ休憩時間にやってみてください。

①Aさんは椅子に腰かけ、軽く目を閉じてリラックスします。Bさんは、Aさんから1.5～2m離れて真後ろに立ちます。
②Cさんは、Aさんのほうを向いて真横に立ち、Aさんが閉じている目を上から片手で軽く触ります。
③Cさんは、その手を動かしながら、Aさんの目をゆっくり背中まで移動させます。

※「Aさんの目がおでこに移動して、おでこから頭頂部に移動して、頭頂部から後頭部に行き首筋を通って肩甲骨の下の背中に到着しました。今、あなたの目は背中にあります。この背中の目で後ろが完全に見えます」と優しく声に出しながら、Aさんの目が移動していく箇所をゆっくり流れるように触ります。最後に、目が到着した背中は「ここに目がある」ということをAさんに強調するために数回軽く押してあげてください。

④Cさんは Aさんに、「Bさんがあなたの背中にある目の前で、グー・チョキ・パーのどれかを出しています。どれが見えますか？」と言い、Bさんは3つのうちどれかをAさんの背中の目に向かって出します。

⑤Aさんに答えてもらい、後ろを振り返ってもらいます。

当たらなかったら、当たるまで何度も繰り返して、当たったときの自分の頭の中はどういう状況かを知ってください。

このゲームは、自社主催のスクールやセミナーで最後に参加者のみなさんにやってもらいます。ここでみなさん口を揃えて言うことは、「何も考えていなくて、最初に思ったものが当たっている」ということです。最初に「グー？ あ、でもパーかも」「チョキ？ ん、でもさっきもチョキだったからパーかな」という場合、こんなときはたいてい、後ろではグーとチョキになっています。

あなたがいつもどれだけ頭で考えているか、直感とはどういうものなのかがおわかりいただけると思います。背中に目がある、という意識で動待機をすると、自然と頭の中が空っぽになり、あなたが本来持っている直感が高まり、冴えてくるはずです。

売れ続ける販売員が、後ろから入ってきたお客様にも反応が早いのは、こういうことなのです。

4章

あきらめないこころで最初のアプローチ

最初のアプローチ

あきらめないこころのベースができたら、ここからはその上に乗せる技術についてです。あきらめないこころで接客・販売をするだけでも、十分にお客様のこころには響きます。ですが、技術を加えるとさらに力が増すし、接客・販売自体が楽しくなります。

私は、接客・販売全体の流れをこのように考えています。

✦接客・販売の流れ

- **ファーストアプローチ→安心していただく**
- **セカンドアプローチ→安心をさらに深めていただく**
- **接客・販売→こころを寄せて、お客様の背景を知った上で商品提案をする**
- **クロージング→お客様に商品購入について決定していただく**

本章では、まず最初にファーストアプローチとセカンドアプローチの考え方やテクニックをお伝えしていきます。

✦最初のアプローチは全体の4割を占める

あなたの店に2人のお客様が入店しました。ここで、そのお2人に向かって、少し距離を置いて「いらっしゃいませ」を言った後、どちらかのお客様に決めて近づいて、「サイズも……」「お鏡も……」という出だしで、特定のお客様だけに向かって行なう最初のひと言目をファーストアプローチ、その次にタイミングを見計らってお声がけするふた言目をセカンドアプローチと考えます。

このファーストアプローチとセカンドアプローチを合わせて「最初のアプローチ」として、初めに大切なことをお話しししておきます。

お客様は、入店する前にもいろいろなことを見たり、感じて入店されることは、ここまでお伝えしてきました。ですから、最初のアプローチで販売員が声を発して近づくことで、あなたの人柄まで無意識に感じて、さらに接客をされたいか、あるいはされたくないかということまで決定づけることもあるほどです。

私はスクールやセミナーで、**最初のアプローチは、接客・販売全体の4割を占めるほど大切**だと、必ず最初にお伝えしています。

✦お客様が、最初のアプローチで求めているもの

お客様は「安心して商品を見られるかどうか」ということを基準に入店する、と言ったことを覚えていらっしゃるでしょうか。お客様は最初のアプローチで、販売員に「安心」を求めています。

入店して商品を見はじめても、初めてのお店だったり、雰囲気が閑散としていると、何だか落ち着くことができません。

ではここで、あなたの最初のアプローチを振り返ってみてください。そのようなお客様の気持ちをくみ取った上での言動になっているでしょうか。

安心がほしいお客様に「そちらは……」「こちらは……」と、お客様の様子を見もせず、端から商品説明してはいないでしょうか。販売員のこのような行為が、実はお客様にとっては最も安心ができないのです。安心を求めるお客様と商品を説明して売り込みたがる販売員、これではうまく噛み合わなくて当然です。

あなたがアプローチをしたときに、お客様の反応が悪ければ、あなたのアプローチが安心できないということです。

✦お客様を安心させるファーストアプローチの流れ

では、ここからはファーストアプローチとセカンドアプローチを分けてお話ししていきましょう。

ファーストアプローチとは「最初の挨拶」です。入店してすぐのお客様は、販売員を店の一部として感じます。ですから、感じよく気軽にご挨拶することで、店に安心を感じていただくことができます。これは、ご近所さんへの挨拶のようなイメージです。ですから、こころをオープンにしてご挨拶します。

①素早く
②微笑んで
③気軽に近づき
④表情をつけて声をかける

私は、これを一体にしてお客様へアプローチをします。売れ続ける販売員になったときには、もう当たり前のようにやっていました。

ですが、あるとき、自分の接客・販売をひも解いていくと、ファーストアプローチでお客様に自分の印象を植えつけている最初の、この4つのポイントに気がつきました。そして、これらは「安心」という店への印象はもちろんですが、実は売上げという結果に直結している、ということにも気がつきました。この4つで、お客様のこころを最初からしっかりつかんでいたわけです。では、最初の気軽な挨拶に込めた、この4つのポイントをくわしくお話ししましょう。

早めのファーストアプローチ

✦早いと嫌がられると思い込んでいませんか

まず最初は、**【①素早く】**についてです。

入社半年の販売員Nさんは、店頭で元気がありません。そこで、店長がどうしたのかと聞いてみました。

「Nさん、最近、元気がないように感じるんだけれど、どうかした？」

「みんながお客様につくのが早いから、接客につけなくて」

「じゃあ、Nさんも少し早くお客様にアプローチしてみたら？」

「私は買い物のときに、すぐ声をかけられるのがイヤなんです。だから、自分も早く声をかけるのがしつこくしているようで……」

「なぜ、すぐに声をかけられるのがイヤなの？」

「ゆっくり、自分のペースで商品を見たいからです」

「だったら、お客様がゆっくりご自分のペースで商品を見られるような内容にして、早く声をかけたら？」

あなたはどう思われますか。

ここでも、ハッキリと言っておきます。お客様は、すぐに声をかけられるのがイヤなのではなく、あなたの声のかけ方がイヤなのです。

✦ファーストアプローチは早めに

私は、お客様が店に一歩足を踏み入れた瞬間、ときには店の前で声をかけてしまうくらいファーストアプローチを早くしています。

販売をはじめた頃は、他のスタッフにお客様を取られないようにという単純な動機からでした。

でも、今は違います。お客様に安心していただきたいからこそ、早めにお声がけをしています。

販売員が、お客様にアプローチしようかどうしようかと考えながら、少し離れたところでチラチラ見ているときほど、お客様は不自然で居心地の悪さを感じることはありません。安心できないのです。

✦早めのアプローチの効果

Oさんは、販売員5年目の店長です。店の売上げが悪いため、私が様子を見に行ったときのことです。

お客様が1人入店されました。店頭にいるスタッフはみんな感じよく動待機をしながら「いらっしゃいませ」とは言うものの、お客様が商品を触って見ていてもファーストアプローチをせず、少し離れて見ているだけです。お客様は、しばらく店内の商品をいろいろと見ていましたが、結局出て行ってしまいました。次のお客様にもスタッフは、同じように、少し離れて動待機をしながら見ているだけです。そのお客様は、隣の店で接客され、商品をお買い上げになっていました。

私は、ファーストアプローチをしない理由をOさんに聞いてみました。すると、「店内の商品を一周ゆっくり見ていただいてからお声がけしたほうが、しつこくないと思うんです」という答えが返ってきました。その言葉に驚いて、「今のお客様、隣で黒のカーディガンを買ってたわよ。うちにも、お隣と同じ価格帯のカーデガンがお隣よりもデザイン豊富にあるわよね！」と言い放ち、次に入店したお客様に瞬時にアプローチをして、そのお客様をご試着まで促しました。そして、着替えている間に通路から店内を見ていたお客様にも、すぐにアプローチをしてかけ持ち接客をはじめました。

早いアプローチでも、お客様が嫌がらないことを知ったスタッフたちは、素早く声をかけはじめました。そして結局、その日はあっと言う間に予算を達成してしまったのです。

ファーストアプローチを早くするということは、単純に売り逃しを防ぐことにもなるのです。もし、あなたが声をかけずに遠くから見守っていたお客様が、隣の店で商品を買っていたらどう思うでしょうか。「声をかければよかった」と後悔しないでしょうか。

繰り返しますが、お客様は早いアプローチが嫌なのではなく、安心できないアプローチが嫌なのです。

その後、スタッフがアプローチを早くすることによって、元々入店客数が多かったOさんの店は売り逃しがなくなり、また、お客様が店内にいると他のお客様も入りやすくなる効果もあって、グングン売上げが上がっていきました。

そして、アプローチが最も早くなったのはOさんでした。彼女は「教えていただいたスピードや表情、近づき方を変えただけで反応してくださる方が増えて驚きました。声のかけ方がいけなかったのですね。お客様は、早く声をかけられるのが嫌だとずっと決めつけていたこと、スタッフにそう言い続けてきたことをとても反省しています。今まで、たくさん売り逃していた分、これから挽回します」と言っていました。Oさんは、現在も店長で売れ続ける販売員です。

元気な笑顔よりも優しい微笑み

✦無意識にやっていた表情

次は、**【②微笑み】**についてです。

ある日、スタッフKさんにファーストアプローチを教えようと、ロールプレイングで私がKさんを接客したときのことです。

「あの、その笑顔はどうやってつくるんですか？」と質問をされました。何のことだかわからなかった私に、続けてKさんはこう言いました。「いつも、お客様にファーストアプローチで声をかけるときに、包み込むような優しい表情になっているのを見ていて、どうしたらできるのだろうと思っていました」と。

たしかに、私はファーストアプローチがとても早いのですが、お客様に嫌がられたことがなかったのです。そこで、自分の表情にフォーカスしてみると、無意識に、でも意味を込めてお客様にその表情を向けていたのです。

✦笑顔と微笑みの違い

販売員には、「売りつける、しつこい、うるさい」というイメージが未だつきまといます。ですから、私はファーストアプローチという第一印象を決定づけられる場面で、無意識に「安心してください、しつこくしません」という気持ちを、微笑みで表現していました。

笑顔ではなかったのです。笑顔とは、元気で歯が見えるイメージですが、私がやっていた表情は口角を上げて、少し目じりを下げるような微笑みだったのです。お客様に近づくからこそ、恐怖やストレスを与えないように、優しい微笑みをつくっていました。その後、スタッフにこれをどう表現して教えればいいのかを考えていると、答えは意外にも簡単に出てきました。

私は、小さい頃から赤ちゃんが好きで、生まれて間もない親戚の赤ちゃんを、よく抱っこしてあやしていました。そのとき、赤ちゃんに向けていた微笑みと同じだったのです。こころの中も「大丈夫だよ、安心して、何もしないよ」と、お客様にファーストアプローチをするときの気持ちと同じでした。

安心してお買い物をしたいときに、元気いっぱいの笑顔で寄って来られると鬱陶しく感じるお客様もいらっしゃいます。もちろん、目的が明確で急いでいるお客様には、元気に小走りに駆け寄ってお応えするし、接客に入ってからはあなたのカラーを出して、元気な販売員は笑顔、表情豊かな販売員は笑ったり困ったりしてもいいのです。でも最初は、より多くのお客様に通用し安心していただける、赤ちゃんに向ける微笑みが有効なのです。

✦優しい微笑みはお客様のこころを溶かす

Tさんは、4年目の販売員です。彼女は、最初のアプローチがとても苦手でした。気がつくと、後輩にどんどん売上げを抜かれ、私が彼女に会った頃には、実はいつ辞めようかとタイミングを見ていたところだったそうです。

私は、店頭でアプローチをしないTさんが4年目だということを聞いて驚き、しばらく彼女の様子を観察していました。ファーストアプローチが苦手でこのようになっていることはわかったのですが、「私が声をかけてもお客様に無視されて嫌がられる」という思い込みが頑なで、それをどう教えようか考えていました。

そんなある日、ベビーカーを引いた若いお母さんが、生まれて間もない赤ちゃんを連れて入店されました。すると、Tさんはお母さんではなく、その赤ちゃんめがけて小走りに近寄ってあやしはじめたのです。そのときのTさんの表情は、お母さんのような、それはそれは優しい微笑みでした。

私は「これだ！」と感じ、赤ちゃんのお母さんにアプローチをして、ご試着室へご案内しました。その後、横でTさんに赤ちゃんを抱かせて彼女にも話を振りながら、2人でお母さんを接客したのです。接客の合間に、「赤ちゃんは好きなの？」とTさんに聞くと、「はい、大好きです」とキラキラした目で、優しく微笑み答えてくれました。その微笑みで、Tさんは赤ちゃんを抱きながら一緒にお母さんを接客しました。

すると、お客様はご試着されたものをすべてお買い上げくださったのです。

その後、すぐにTさんに「ファーストアプローチは、赤ちゃんに向ける微笑みで声をかけるとうまくいく」と話すと、少しずつですが、あれほど頑なだったTさんがアプローチにチャレンジするようになったのです。すると、お客様の反応も少しずつ返ってくるようになりました。

Tさんは、持ち前の気配りを発揮し、売上げが上がっていったのです。彼女は、6年目でサブになり翌年店長になりました。その頃には、以前が嘘のような優しく柔らかな微笑みで、何のためらいもなく最初のアプローチができるようになっていました。人は、こんなにも変われるのだと私が一番驚いたほどです。優しい微笑みは、お客様のこころはもちろん、Tさん自身の頑なな思い込みも溶かしていったのでしょう。

気軽に近づく

✦ビクビクはNG

では、**【③気軽に近づく】**についてです。

お客様に、どれくらい近づけばいいのか困っている販売員はとても多いものです。

私はズバリ、「お客様に近づきます！」。

ファーストアプローチで距離にして１ｍくらい、特定の商品を触っていたら70～90㎝までは近づきます。お客様に安心していただくというと、距離を置いて見守るかのようなイメージかもしれませんが、それは逆です。

たとえば、あなたの親戚の方がお店に来たらどうしますか。普通に近づきませんか。

お客様に近づくときも、その気軽さでいいのです。

私は現場で20年間、たくさんのお客様を接客・販売をしてきてわかったことの中に「**お客様は、自分に親身になってくれる販売員に接客されたい**」というものがあります。

「親身」とは、身内のような近い存在ということです。身内は、おそるおそる近づいてきたり、離れたところからジーッと見ていたりはしません。

あなたは、お客様に安心して店内を見ていただくサポートをしたいと思っていることを、ただ伝えたいのでしょう。それなら、ビクビクせずに気軽に近づいてファーストアプローチをしてみてください。

◆近づき方

お客様に近づくときは、決してお客様の後ろから行かないようにしてください。

たとえば、お客様の真後ろから近づいて、お客様の左右どちらからかひょいと手を差し出して「よかったら……」とか、「こちらは……」と言う販売員がいますが、このように気配を消して後ろから近づくことは、お客様を驚かせ不快にさせます。

商品を見ているときは、意識が前にあるため、予期していない後ろから声をかけられると、一瞬にして自分のスペースを害されたと不快になってしまうからです。

私は、自分が近づく気配をあえて感じていただきたいので、お客様の視界に入りながら近づいて行くようにしています。お客様に気を遣うからこそ、そうするのです。

お客様の視界に入っているということは、お客様は無意識のうちに販売員が声をかけてくるための準備ができるため、声をかけたときに反応してくださる確率は上がります。

✦近づくときの姿勢・目線

よく見かけるのが、腰をかがめて上目遣いで「よろしければ……」とお客様に声がけをしている販売員です。

無意識に、お客様にへりくだろうという気持ちが腰をかがませ「買ってほしい」という気持ちが上目遣いにさせているその姿勢は、お客様に販売員の気持ちを自らバラしているのと同じです。

上目遣いは、自信なさげで戸惑っているように見えるのをご存じでしょうか。

この姿勢と目線では、お客様は安心することができません。

腰を引いて、お客様が見ている商品を手のひらで指して「そちらは、お色違いで○○がございます」とひと言だけ言ってお客様から逃げ、しばらくするとまた同じようにお客様に近づき、引けた腰で今度は「お鏡がございますので」と言って、また視界から逃げるようにいなくなるアプローチもよく見かけます。

お客様は、逃げ腰でアプローチされたりひと言だけで不自然に離れられると、様子をうかがっているようにしか感じません。

安心していただきたいからこそ、普段と同じ姿勢で、包み込むような微笑みでお声がけをするのです。目線は上目遣いではなく、優しく微笑みながらお客様と同じ高さで大丈夫です。

あなたより身長が低いお客様なら、少しかがんで目線を合わせてもいいでしょう。

言い終わって反応が薄ければ、表情はそのままで少し目線をずらせて、さりげなく3、4歩離れてお客様の視界に入る位置に立ち、簡単な動待機をしながら、セカンドアプローチのタイミングを見ます。

表情をつけて声をかける

✦ファーストアプローチのトーク

最後は、**【④表情をつけて声をかける】**です。

特定のお客様に向ける最初のご挨拶のファーストアプローチは、あなたの表情や動きがお客様を安心させます。つまり、言葉の内容は重視しなくて大丈夫なのです。

あなたは普段、どのような言葉でファーストアプローチの声がけをしていますか。

「よろしかったら、お鏡と合わせてご覧ください」

「お色違いもご用意がございますので」

「サイズもご用意がございますので」

「ご試着もご案内いたしますので」

多くの販売員は、この「鏡」「色違い」「サイズ」「試着」という四大鉄板用語を使っているのではないのでしょうか。これで大丈夫です。

「よろしかったら」は「よろしくない」という意見も聞きますが、私はそんなことないと考えています。私自身、20年現場で使っていて、お客様から嫌がられることはなかったし、それを変える必要性もまったく感じませんでした。

何より、「よろしかったら」という言葉は使い慣れていて安心する販売員も多いのではないでしょうか。あなたの安心感はお客様にも伝わります。だったら、大いに使うべきでしょう。

ポイントは、ファーストアプローチの段階で「この商品は、○○で○○だから……」などと、商品のことを長々と話さないことです。ご挨拶代わりの「ひと言」が鉄則です。

しかし、もしお客様が入店してすぐ、ファーストアプローチ前に特定の商品のところで立ち止まって反応を示していたら、すぐにセカンドアプローチに入って、商品についてのお声がけをしてください。

※セカンドアプローチの項目（131ページ〜）をご覧ください。

✦表情・タイミング

口角を上げて目尻を下げて微笑んでいた口と目を、少し大きめに動かし、表情をつけながら四大鉄板用語を言います。声がけをする特定のお客様だけに向けて、この大きめの表情をすると、たいていのお客様は会釈したり微笑んでくださったり、何らかの反応を下さるものです。

お声がけのタイミングは、ご近所の方に「挨拶」をするときと同じです。あなたは、ご近所の方が家の前で掃き掃除をしていたら、それが終わるのを待ってから「こんにちは」と言うでしょうか。通りすがりに、目を合わせて挨拶をするはずです。それと同じタイミングです。お客様の反応がご近所さんと同じでなくても、あなたのタイミングはそれでいいのです。

✦決めつけない

20代後半のお客様をターゲットにしている販売員Wさんの店に、お孫さんとおばあ様だとわかるお2人連れが入店されました。

Wさんは、ブラウンのロングカーデガンを見ている2人に近づいて、ファーストアプローチで「それ、かわいいですよね」とお孫さんに向かって言いました。

お2人は軽く頷く程度で、次にからし色の長めのブラウスを見はじめました。すると、「それも、すごいかわいいですよ」とお孫さんに向かって言うWさん。

おばあ様はクスクスと笑いはじめ、「やっぱり、私には若いかしらね」とWさんに向かって言いました。Wさんは、商品を探しているのはおばあ様だと気がつきました。

次は、棚にある黒のカットソーを広げました。「トップスでお探しですか？」とWさんは、今度はおばあ様に向かって言いました。

おばあ様が「えっ？」と首を傾げて止まると、すかさずお孫さんが「おばあちゃん、上に着るものを探しているの？　だって」と通訳する始末。

接客・販売というのは、不特定多数のお客様にそれぞれの対処方法を取るのが鉄則です。どのお客様にも同じ対応では、機械的な対応に過ぎません。年代に関係なく「かわいい」といったワードを使うなどはもっての外です。このWさんのファーストアプローチは、とても思いやりに欠けています。

プロの販売員である以上、お客様への最初の声がけは、これから短い時間の中でどれだけお客様のことを知り、交流を図れるかが決まる、とても大切な部分です。それには最初のアプローチで、決めつけずに視野を広くしておくことが重要です。

どちらの方が商品を探しているのかわからなければ、2人に同じだけ視線を送れば、しだいにどちらのお客様が商品を探しているのかがわかってきます。

あなたが普段、当たり前のように使っているトップスやボトムなどという言葉も、お客様によっては「セーター」「ズボン」とお伝えしたほうがわかりやすいのです。

ショッパー、パッキンなども業界用語ですから、お客様にお伝えするときは「お店の袋」「段ボール」と言い換えてお伝えしてください。

ファーストアプローチでのその他のポイント

✦話す速さ・動く速さ

それでは、ファーストアプローチでのその他のポイントをいくつかご紹介しましょう。

私は、自分が話す速さと動く速さを、お客様の歩いたり商品を見る速度に合わせるようにしています。

早足で商品を見る方にゆっくり話すと、相手は「遅い」とイライラします。逆に、遅い方に早口で話すと「急かされている」と感じます。

どちらにしても、お客様は受け止めてもらえていないという気持ちになって安心することができません。

これが同じ速さだと、気持ちよさを感じて理解してくれそうだと、相手に無意識の期待をしてくれます。ぜひ、スタッフ同士、ロールプレイングでやってみてください。

✦お客様に合わせる大切さ

販売員Sさんは2年目です。店長からは、「空気が読めない」と叱られることが多いスタッフです。土曜日の午後15時、店はピーク時になりました。店内のお客様の数は、販売員7人に対してざっと3倍以上になっています。

Sさんは、今日は売上げが絶好調で、接客するお客様が次々お買い上げにつながっていきます。

気持ちが盛り上がってきたSさんは、ご試着室のお客様が着替えている間に、別のお客様にもお声がけをして、かけ持ち接客をしようと、盛り上がっている気持ちそのままにワンピースを見ているお客様に「着てみますか?」と、大きな声で横から覆いかぶせるように言いました。

不意に大きな声で声をかけられたお客様は「あっ」と驚き、一瞬で顔色が変わり首を横に振って商品を戻してしまいました。

このような経験が、あなたにもないでしょうか。この後、Sさんが店長に叱られたのは、言うまでもありません。

あなたは、店内で長時間お客様を接客していて、それがお買い上げにつながって気持ちが高ぶっているかもしれませんが、商品を見ているお客様全員が、あなたや店の活気と同じ気持ちの高ぶりであるわけではありません。

これは、あなたが後輩を叱った後や上司に叱られた後などを含めて、どの立場の販売員でも感情が大きく動いたときや忙しくて焦っているときには同じことが言えます。そのようなときは、お客様をじっくり観察できないことはとてもよくわかります。

私は、繁忙期やピークの時間帯には、接客と接客の合間に、次々にフリーのお客様にアプローチをし続け、1日中、かけ持ち接客をしていました。

その際に、最も気をつけていたことは、自分の気持ちの高ぶりを抑えることでした。

「もっと、もっと」と、焦っているからこそ、それを絶対にお客様に悟られないようにファーストアプローチでは包み込むような微笑みで、お客様の速度に合わせるように心がけていました。

お客様の気持ちは、歩幅や歩く速度などの外見にも表われます。

売れ続ける販売員はそのことを知っているため、焦る気持ちがあるときは、お客様の動きを見て、無意識にそこに速度を合わせているのです。

ちなみに、スタッフにロールプレイングでファーストアプローチを教えるときに、見本としてこのアプローチを見せると、彼女たちが口を揃えて言うことは「売りつける感じがない」「信用できる感じがする」ということでした。

このようにお客様が感じるということは、「安心する」ということです。

✦声の大きさ・トーン

また声の大きさも、あなたが感じたお客様の印象に合わせてみてください。

私は、「声をアーチ形にしてお客様に届ける」イメージで、お声がけをします。そうすると、普通に声をかけたときよりも、自然に明るくて優しい声が出てくるからです。

ただし、トーンは少しだけ低めにしています。そのほうがお客様に安心感を与えるからです。

セカンドアプローチの考え方

お客様は、ファーストアプローチで販売員を店の一部として見ています。セカンドアプローチでは、具体的なことを話しかけることによって、販売員を「個」として見るようになるのです。

✦セカンドアプローチとは？

セカンドアプローチでは、あなたという販売員で、さらに安心を深めてもらいます。私が、ファーストアプローチとセカンドアプローチはセットになっていると考えているのは、ファーストアプローチでご挨拶した余韻が残っているうちにセカンドアプローチをするからです。ですから、ファーストアプローチで感じたお客様の反応をもとに、1分以内でさらに近づきながら、具体的なふた言目を投げかけるようにしています。

いきなり商品の話はタブーだと、先ほどお伝えしましたが、ファーストアプローチの余韻が残っているからこそ、セカンドアプローチで商品のお話ができるのです。ただし、セカンドアプローチでも商品については「短く」が鉄則です。

セカンドアプローチは、「間」がとても大切になります。「間」が悪いと、接客されるのが嫌ではないお客様でさえ不快にさせて、反応することを止めてしまうからです。

ポイントは、お客様の動きや表情をよく観察することです。お客様が商品を見ながら、目を少し大きく開いたり、若干長く見たり、手元や足元が少しゆっくりになったところを見逃さずに声をかけます。

このタイミングを逃している販売員は少なくありません。

セカンドアプローチは、「ここ!」というときに迷わず行なってみてください。まずは、自分が感じる「ここ!」を信じて試してみるのです。そうして、自分の中の正解に近づけていくのです。

私は、この「間」の取り方が得意です。しかし、最初からできたわけではありません。何度も何度も、あきらめずに試行錯誤をした結果、感覚がつかめてできるようになっていったのです。

✦セカンドアプローチをあきらめない

ファーストアプローチで、お客様が無反応だと「お客様は嫌がっている」と決めつけて、セカンドアプローチをせずに離れたところから見守るだけになっていないでしょうか。

そんなときには、あなたがこころの中で「お客様が嫌がっている」と、決めつけていないかを確認してみてください。

私は、「しつこく声がけをしなさい」と言っているわけではありません。**「逃げないで」と言いたいのです。**目的がなく、店内に入店して商品を見るお客様は、この世に1人もいません。

待ち合わせまでに時間があったら、本屋や雑貨屋に行ってもいいのに、なぜ洋服屋に入ってきたのでしょうか？「今年の流行は何だろう」「白のシャツがほしかったから、ちょっと見ておこう」など、お客様は何らかの理由があって入店されるのです。だったら、その理由を引き出して、自店の商品を提案するのが販売員の仕事ではないでしょうか。

どのお客様にもトークやタイミングが同じ。そこで無視されると、勝手にへこんで声がけをやめて遠くから見ている——最初にも言いましたが、これは**〝自分をあきらめる〟**ということです。

ファーストアプローチでお伝えしたことと、さらにこれからお話しするトークを実践してコツをつかんで、あなたの正解を見つけてください。やればやるほど、コツがつかめて上達するはずです。

✦セカンドアプローチでの基本トーク

セカンドアプローチでは、会話をはじめるために、言葉でお客様の興味を引きます。

ですから、言葉の内容が重要です。「興味を引く言葉」とは、その商品を見ているだけではわからない情報です。たとえば、特定の黒のパンツのところで少し動きが止まったり表情が変わったら、「丈はくるぶしくらいですね」「SとMの2サイズございます」「太ももから膝にかけてはフィットするデザインです」というように、見ているだけではわからない情報をひと言でお伝えします。

もしこれでも無反応だったら、数歩下がって軽い動待機をしながらお客様を見守り、再度足が止まったら同じようにひと言でアプローチをしてください。

もし、お客様が黒のパンツのところでもっと大きな反応を示したら、さらに一歩踏み込み、「こちらにも、似たデザインのものがございます」と、お持ちしてそばでお見せしたり、「丈はひざ丈くらいで、お尻がフィットするデザインです」「このスカートは、履くと波打つようにきれいに広がります」と、お客様が反応を示した商品を手に取り、自分やお客様にさり気なくあてた長さを表現したり、スカートの裾を広げてお見せします。

先ほどタブーとした「そちらは……」「こちらは……」は、このセカンドアプローチで使うといいでしょう。ただし、短くしてください。まだ、セカンドアプローチで売り込みはしません。

お客様別セカンドアプローチ

セカンドアプローチはファーストアプローチとは違い、お客様によってアプローチの仕方が変わってきます。ここでは、具体的に私がやっているセカンドアプローチを、お客様別にしてお伝えしていきます。

✦セカンドアプローチはお客様によって変える

●お声がけすると、立ち止まって「はい」と感じよく頷いて話を聞いてくれるのですが、とくにお客様からは何も話してこない方

愛相がよく、目的がわからないお客様は、一度、商品のことから離れた別の話題を振って、お客様の人となりを見ます。「肌寒くなってきましたね」「昨日の雨、大丈夫でしたか？」などと、洋服や商品以外の話を振ってみてください。

「帰りがたいへんで……」などの反応があり、お客様が話しはじめたら、「そうだったんですね」などと、表情を大きめに頷きながら話を聞きます。

そして、「お家に着いたのは何時くらいだったんですか？」などと、さらに質問をして会話を続けます。

身近な天気の話題は答えやすく、「はい」以外の言葉が出てきやすいので効果的です。

こうして、いくつか質問をして会話を交わしたら、「今日、実は新作が入荷したんです」と、大まかな商品の話に戻してご紹介しながら接客に入ります。

●端から、全商品を流すように見ている方

順番に見ているということは、お客様が店内をどのように進んで歩いて行くかがだいたいわかります。そんなとき私は、まだお客様が見ていない、少し先に置いてある新作や人気商品を持ってきてお見せするようにしてします。

「今、この着心地のいいニットがとても人気があるんですよ」

「こちらは、一度完売した商品で、今日再入荷したものなんです」

ただし、ここでのポイントは、エレガントなワンピースを着ている方には同じテイストのエレガントな商品をお持ちすることです。タンクトップやデニムをお見せするようなことはしません。お客様が着ている洋服は、少なからずお客様の好みですから、その日の目的が違っていたとしても、ご自分の好みであれば、目線をくださる可能性が高いからです。

まったく興味がないものだと、お客様にスルーされて次の接客に入れなくなる原因になり、

販売員の接客に対する不信感になりかねませんから気をつけてください。

これで、お客様が商品に近づいたら接客に入ります。無反応だったら、少し下がって見守りながら手や足が止まったら、今度はその商品に対してひと言投げかけてみましょう。

ファーストアプローチ同様、セカンドアプローチで反応がなくても、お客様の視界から消えないようにしてください。

●足早に急いで見ている方

足早に店内の商品を見ていたり、特定の商品目がけて来るお客様にも、同じくひと言「色違いもございます」「サイズもお持ちいたします」など、短い言葉を投げかけます。

このタイプの方は、急いでいたり早く何かを販売員に聞きたい方が多いからこそ、私はお客様が見ている商品についてではなく、四大鉄板用語であえて間口を広くして、お客様がどんなご要望でも言いやすいようにしておきます。

ここで反応がなくても、次に別の商品を手に取ったら、同じように素早くひと言で、見ているだけではわからない情報をお伝えします。このような、目的がハッキリしているお客様には、次のようにアプローチを大きめにしてキビキビ話し動くことが、短時間で安心していただけるポイントです。

「お鏡に合わせてご覧ください」と、利き手で鏡がある方向を示して合わせることを促す。

「色違いで、ブラック・ブラウンもございます」と言いながら、素早く商品を持ってきてお見せする。

その他、たとえば黒のタイトスカートをお探しで、もし自店になければ、「今、シンプルなタイトスカートはご用意がなく、少し裾が広がったフレアーなものでしたらございます」と、代替品を素早くお持ちすることも大切です。

セカンドアプローチでのNG

✦すぐにお客様に答えを求めない

ファーストアプローチ後、すぐにセカンドアプローチでパンツを見ているお客様に「パンツをお探しですか？」、あるいは白のジャケットを見ている方に「白のジャケットでお探しですか？」という、すぐに答えを求めるかのような質問をする販売員がいますが、これはNGです。

セカンドアプローチまでは、お客様との信頼関係はできていません。たとえ、お客様が「はい」と言ってくださっても、どんな用途でいつ使う白ジャケットかなど、くわしい事情までは教えてくださいません。

ある日曜日の午後、私は、丁寧に商品を見ているお客様に声をかけました。お客様がご覧になっていた、グレーの薄手のジャケットのご試着を促すと、お客様は羽織ってくださり接客に入りましたが、「う〜ん」とイマイチな反応です。そこで、私は上は白、下はからし色という明るい色でまとめているお客様に「ベージュもあるので着てみませんか？」と、2型あったベージュのジャケットをご紹介すると、お客様はそのうちの1着を着てくださいました。

「すごくお似合いですね。今日もそうですけど、こういう明るい色が多いのですか？」

「はい」

「だからですね。着なれている感じです。お顔映りもきれいです」

お客様は「考えます」と出て行かれたのですが、その後15分もしないうちに戻ってきて、「あの、先ほど着なかったもう1型のジャケットも着ていいですか？」とおっしゃいました。

ご試着したお客様に「何かに合わせるのですか」とお聞きすると、具体的に合わせたいカットソーやスカートを教えてくださいました。

そして、しばらくすると「実は、お見合いがあって」と、少し恥ずかしそうに言って下さったのです。私はこの時点まで、「グレーでお探しですか」「ジャケットでお探しですか」とは一切聞きませんでした。最初の時点で聞いていたら、お客様はごまかして別のことを言い、結局、最後までお見合いのことを言い出しにくくなっていたことでしょう。

短い時間でしたが、すぐに答えを求める質問をせず、お客様のこころに寄り添った結果、お客様のほうから真実を言ってきてくださったのです。

お客様が、最初に言っていたものと違うものを買っていかれたという経験は、販売員であれば経験したことがあると思います。こんなときは、販売員が打ち解けていないうちに答えを求めたため、お客様が本音を言えなくなったケースが多いのです。

✦答えを聞きたい気持ちを抑える

お客様が、本音を話すタイミングは必ずあります。でもそれは、お客様がよほど急いでいない限りは、入店してすぐのファーストアプローチ、セカンドアプローチのときではありません。

販売員なら耐えるのです。すぐに答えを求めるようなことはしないでください。

売れ続ける販売員は、これを知っています。ですから、パンツを見ているお客様には「パンツはいろいろお持ちですか？」、白のジャケットを見ている方には、「白のお洋服が多いんですか？」というような、一見ぼかした遠回りのような質問をします。

たとえば、白のブラウスを見ている方に、

「白のブラウスはいろいろお持ちですか？」

「うん、そうですね」

「今年は、袖にフリルがついているものが人気なんですよ」

「ふーん」

「やわらかいシフォン素材のものやタイがついたものも多いですね」

「う〜ん。でも、普通の白シャツを探しているんですよね」

というように、周りから囲い込むような質問は相手も答えやすくて、思わず本音が出てしまうことがあります。ここでも、「急がば回れ」なのです。ズカズカと相手に踏み込んでいかないほうが、逆に信頼してもらいやすいのです。直球の質問をするのは、接客に入ってしばらく経ってからです。

もちろん、ピークの時間帯やかけ持ち接客をしているときなどは、逸る気持ちを抑えて、表情をつけながら落ち着いた口調で、「ご試着されてみますか」「明るいお色でお探しですか」と、ストレートに近い質問をすることもあります。しかし、そんなときでも、決して最初にストレートな質問はしません。落ち着いた口調で質問をして、色違いを持って来るときなど、動くときは小走りで動きます。

するとお客様も、「忙しいのにありがとう」と言ってくださり、自ら探しているもののお話をしてくれることも多いのです。

基本は、セカンドアプローチまではお客様を直接刺激するような質問は避けて、オブラートに包んだ質問をしてください。早い段階でストレートな質問をされると、それこそ、お客様の本当の目的がわからなくなります。

✦売れ続ける販売員の切り返しトーク集

販売スタッフから、「最初のアプローチで声がけをしたときに、お客様から否定的なことを言われた場合、何て言えばいいのですか」という質問を受けることがあります。

たしかにスカートを見ている方に「よかったらお鏡に……」と言った瞬間、「私には小さいわよ」と言われることはあります。

ではここで、最初のアプローチでお客様に言われたことに対して、実際に私が言っている切り返しトークをご紹介します。なかでも、特に販売員から質問が多かったものを挙げます。

●ワンピースを見ている方

「私には細すぎて入らないわよ」

①あなたがぽっちゃりさんの場合……「わかります。今年のワンピースはタイトで細身なものが多くて困りますよね」

②あなたがスリムな場合……「いえいえ。でも、たしかにそのワンピースはタイトなつくりなんです」

↓

「このようなデザインはいかがですか？　そこまでフィットしませんよ」と別のものを持っ

てくる。

●ジャケットを見ている方

「私、肩幅があるからこれ小さいわよ」

①あなたの肩幅がある場合……「わかります。私も肩幅が広いので」

②あなたがなで肩の場合……「いえいえ。でも最近、肩幅が狭いものが多いんですよね」

↓

「このデザインはいかがですか？　肩はそんなに気にならないという方が多いですよ」と別のものを持ってくる。

あなたがお客様と共通した悩みがある場合は最初に共感し、同じアイテムの別のものをお持ちする。あなたが、お客様の悩みと共通していない場合や、たしかにお客様にそのデザインだとサイズが合わないと感じた場合は最初に軽く否定し、商品のデザインの小ささに共感してから、同じアイテムの別のものをお持ちします。

間違っても、お客様が太っていること・肩幅が広いことに共感しないでください。

切り返しトークのポイントは〝表情〟です。

「たしかに、そのワンピースはタイトなつくりなんです」と言うときは、今年のワンピースは細くて困ったものだ、という困った表情を作ったり、「私も肩幅が広いので」と、自分の肩幅を触りながら悲しい顔をしてみるなど、表情をつけて話すとお客様は安心します。

もし、お客様が特別に太っていなくて肩幅がたいして気にならない場合も、一度お客様が言っていることを受け止めて、ワンピースが細い・ジャケットの肩幅が小さいと言っていることに共感するようにしましょう。お客様にその商品が、似合うことを頭ごなしにお伝えしたところで、初対面の販売員では説得力がありません。

ですから、違うデザインもお見せしながら会話をして、多少なりとも信頼関係をつくってから、再度お客様に、最初に見ていた商品をお勧めしていきます。

よく、お客様が太いから着られないと言うと、「何を言ってるんですかー！　全然、全然、全然そんなことないですよー」と大騒ぎしている販売員を見かけますが、販売員の仕事はお客様が気にしているところを全否定してあげることではありません。

お客様が気にしているのであれば、そこをいかに気にせず、気持ちよく着ていただけるものを提案するかがプロの販売員の仕事です。

そのときは、販売員から似合うと言われ「そうかな……」と思って買ったものの、結局は着ていないお客様が多いことを、私は長年の現場経験で知っています。その場限りの押しほど、後でお客様をがっかりさせることはありません。

家に帰って家の鏡で見たとき、「やっぱり似合わない」「やっぱり気になる」と、お客様に思わせるようなことだけはさせたくないものです。

複数でご来店のお客様への最初のアプローチ

✦アプローチのポイント

ここでは、2名以上のお客様への最初のアプローチのポイントをまとめましたので、参考にしてください。※「包み込む微笑み」は変わりません。

①ファーストアプローチは会話が落ち着いたタイミングで

お客様同士が話に夢中だと、販売員は無視される確率が高くなります。入店してきて最初に話が少し落ち着いたときか一瞬間が空いたとき、すかさず声をかけるようにしてください。

②堂々と近づく

複数のお客様は、お1人で入店されるお客様よりも多少なりとも気が大きくなっていますから、あなたが印象に残るよう、より姿勢よく、目を合わせて近づいても大丈夫です。

③お客様の会話のスピードに、あなたの話す速さ・動くスピードを合わせる

複数でご来店のお客様は、比較的ゆっくりと歩きながら、ときには立ち止まって話し、1歩進む間にその何倍も言葉を発します。そして、せっかちで早口の方がいれば、のんびり屋でゆっくり話す方も交じって会話をしています。

ですから、全員の会話が進む速度に合わせてください。それはお客様が合わさってつくり出しているスピードですから、それに合わせればお客様の邪魔にならず、受け入れてもらいやすくなります。

④3人までは目線を平等に合わせる

またお客様全体に、不公平感を感じさせないことが大切です。

3人以上の場合は、その商品を着るだろうと思われる方と、その方にアドバイスをすると思われる方、2人くらいまでと目線を平等に合わせるようにしてください。

後の方々は、言葉を発したら微笑んで目線を送るくらいで大丈夫です。

⑤こちらを向いていただこうと、割って入って行くような強引なアプローチはしない

お客様は何人であっても、「安心していただく」ということが最初のアプローチのテーマであることに変わりはありません。お客様の間に割って入り、あなたの商品説明を聞いていただくことが目的ではありません。複数のお客様には、「お話の邪魔にならないようにサポートをいたします」という姿勢を見せることです。

例：3人のお客様の場合

A子「これ、B子に似合いそうじゃん」
B子「そうかな」
A子「似合うよ、ねえC子」
C子「んー、でも、このオレンジより、B子には落ち着いた色が似合うと思うけど」

このときです。ここですかさず、「お色違いでブルー・ブラウン・ベージュがあります」と、色違いをお持ちするのです。そして、ラックにかけて見せるか、横に棚があれば寝かせて、スッと身を引き2、3歩離れます。

次に、お客様方が「上は、白っぽいブラウスが合いそうだよね」と言っているのが聞こえたら、白いブラウスをお持ちして、またスッと身を引きます。

複数でご来店のお客様には、この邪魔せずサポートする姿勢がお客様を安心させます。

お客様は、振り向かせようとすればするほど振り向いてくださいません。

でも、サポートを繰り返せば、しだいにお客様の中であなたは印象づけられます。

商品の薀蓄《うんちく》は一切必要ありません。ただし、質問されれば丁寧にしっかり答えて、あなたを受け入れてくれると思ったら、少しずつ仲間に入っていってください。

⑥話をよく聞く

⑤でお伝えした通り、会話している方々のサポートをするわけですから、会話の内容をよく聞いて、それに沿った商品をお持ちします。

1人でご来店のお客様へのアプローチのように、話題を振るためにまったく違う商品を持っていって「これ、すごく人気があるんです」と言っても、もしお客様が1人だったら、多少販売員に合わせてリアクションしてくれたとしても、複数だとそのようなアクションは、会話を邪魔されたと思われかねません。ですから、提案していくのはお客様からの質問があったり、ご試着する前後にしてください。

5章

あきらめないこころで接客からクロージング

売れ続ける販売員の接客・販売

セカンドアプローチまででお客様に安心を深めていただいたら、いよいよ接客です。

接客・販売のテーマは「こころを寄せてお客様の情報を知った上で、商品提案をする」ということでした。では、接客でお客様にこころを近づけ、お客様を知るトークの流れをお教えします。

✦お客様にこころを寄せる接客・販売の流れ

「質問」→「共感」→「掘り下げ」→「あなたについてのひと言」

これをバランスよく繰り返していきます。それによって、一方的に質問をしてお客様の情報を得るのではなく、会話からこころが近づいて、自然にお客様の情報も知ることができます。すると、お客様に合った商品を、より的確に提案していくことができるようになります。

セカンドアプローチのところでも少し触れていますが、接客では、とくに**「共感」**が要になってきます。

では、「全身黒のお洋服でスカートをご覧になっているお客様」という設定で、接客の流れをくわしく説明していきます。

●セカンドアプローチ後、接客に入ったら

「今日は、全身黒を着ていらっしゃいますが、普段から黒が多いのですか？」と、まずは「質問」をします。

※接客に入ってまもなくは、まだぼかした質問です。お客様が全身黒ではなくても、そのとき着ている洋服の印象的な部分を取って「今日は明るい色を着ていらっしゃいますが」「今日は柄ものですが」という質問から入るといいですね。

お客様「そうですね、黒って何にでも合わせやすいから」

↓

販売員「わかります（※大きく頷く）。たしかに場所も選ばないですしね」

これが「**共感**」です。共感とは、「お客様の意見や気持ちをその通りだと表現すること」です。

この後、「では、洋服以外の小物も黒が多いんですか？」と、そのことについてもうひとつ質問をします。これが「**掘り下げる**」ということです。

掘り下げた質問へのお客様からの返答の後に「私も黒が好きで、同じようなものばっかりと、よく母に言われます」と「**あなたについてのひと言**」を入れると、お客様はあなたに親近感を抱きはじめます。

もし、「たしかに場所も選ばないですしね」という共感ワードが思い浮かばなければ、お客様が言った最後の言葉を繰り返してください。

「黒って、何にでも合わせやすいから」↓「わかります。たしかに合わせやすいですよね」

「黒って便利でしょ」↓「そうですね、とても便利ですよね」

これに大きな頷きをつければ「共感」になります。

「質問」だけだと尋問になるし、「共感」だけだとお客様の話が中心になり商品の話が進みませんから、「掘り下げ」「あなたについてのひと言」を入れて、バランスよく繰り返すことが大切です。

ただし「掘り下げ」「あなたについてのひと言」は、毎回ではなく、あなたがしたいと思ったところでするようにしてください。身内や友だちに「何それ、もっと聞きたい」と、そのことについて掘り下げたり、「同感」というときに「わかる、私も実は」と、自分の話をするのと同じです。

✦あなたについての話をするメリット

自分の話を会話の中に入れるのが苦手、という相談を受けることが多いので、ここであなたの話をひと言入れるメリットについて、２つお話ししておきます。

①あなたの話を入れると、あなた自身も楽しくなる

会話とは、お互いに話したり聞いたりすることです。仕事とはいえ、お客様の話を一方的に聞いてばかりいると、聞くことに疲れてきます。あなたのこころの中の気持ちは、お客様に伝わりやすいということはお話ししました。ですから、私はお客様との会話の中で、自分の話をひと言必ず織り込むようにしています。お客様の話を楽しく聞けて、終わった後もお互いにとってよい時間が過ごせたと感じることができます。

②販売員が相づちや頷くだけだと、接客の主導権をお客様が握ることになる

「質問」「共感」「掘り下げ」だけをしていると、お客様が話したい話題でずっと話し続けます。すると、しだいに話が商品のことからズレてしまい、会話を商品提案に戻せなくなった経験はないでしょうか。

店内で、お客様が自店の商品を安心してご覧いただけるように、接客・販売のストーリーを進めるのは販売員の仕事です。ですから、合間にあなたの話を入れることは、お客様の気持ちにワンクッション入れることになり、話の暴走を防ぐ効果があります。だからと言って、販売員が自分の話を長々とするようなことは間違ってもしてはいけません。

会話を深める接客の実例

✦ストレートな質問はこのタイミングで

「質問」→「共感」→「掘り下げ」→「あなたについてのひと言」を、バランスよく繰り返していくと会話が続いていき、お客様のことが少しずつわかってきます。

そうなったら、お客様が最初に見ていた商品への、ストレートな質問を投げても大丈夫です。あなたがずっと我慢をしていた、スカートを見ているお客様への「今日は、スカートでお探しですか?」という質問をしてみてください。多少なりともこころが近づいているため、本音を言ってくださる確率が高くなります。

そこから、さらに会話を深めたり広げたりしながら、「いつ」「どこに」と、目的やお客様がイメージしているスカートを明確にしていきます。

では引き続き、「全身黒でスカートを見ているお客様」という設定で、あなたがずっと聞きたかったストレートな質問から、接客の流れを使ってさらにお客様の情報や気持ちを探っていく会話の事例を挙げますので、参考にしてください。

●最初にスカートを見ていたお客様に接客トークを何度か繰り返した後

「今日はスカートでお探しでしたか？」……**ストレートな質問**

「そうですね」

「普段はスカートが多いのですか？」……**掘り下げ**

「ほとんどスカート。とくに、冬はブーツを履くからスカートばっかり」

「わかります。今年はおしゃれなブーツも多いから、やっぱりスカートですよね。私も先日、ブーツを買いました。ロングとショート、どちらのブーツを履くことが多いのですか？」

……**共感・私についてのひと言・掘り下げ**

「ロングは去年買ったから、今年はショートブーツもいいかなって」

「たしかにショートブーツおしゃれですよね、それですと、スカート丈は少し膝にかかるくらいのほうがいいですか？」……**共感・掘り下げ**

「そうね。ショートブーツは短いから、足が出すぎないように長いほうがいいわね」

「わかります、ロングブーツだと丈は短いほうがバランスいいですけど、私もショートブーツだったら膝丈ですね。ブーツは何色で考えていますか？」……**共感・私についてのひと言・掘り下げ**

「やっぱり、黒かな」

「黒は万能ですからね。それだと、スカートもブーツに合わせて黒がいいですか？」……

共感・ストレートな質問

「そうね、でも、黒は結構持っているから、別の色でもいいかなって思っているのよね」

ここでわかったお客様のことは、

・スカートを探していた
・冬はブーツが多い
・黒のショートブーツを購入予定
・スカート丈は膝丈くらいを希望
・黒のスカートはたくさん持っている
・黒以外のスカートにも興味あり
・冒険はしたくないけど、今までとは少し違うものを取り入れたい

これに沿った、自店の商品をお客様にお見せして、反応を見ながら商品を絞っていきます。

掘り下げたときに、お客様の口から出てきた「ブーツ」というワードを拾って接客の流れを繰り返すと、商品が明確になっていきます。ストレートな質問やお客様が着ている洋服への質問をすると、何かしらワードが出てきやすくなりますから、それを使って掘り下げてみて

ください。

✦スピーディーにご試着していただく

接客時に、私が実践しているもうひとつのコツは、なるべく早い段階でご試着に促すことです。トークポイントは「着るだけでもいかがですか？」「今でしたら、すぐご試着室にご案内できます」というように、「ご試着＝買う」ではなく「気軽に着てください」ということを前面に出してお伝えすることです。その理由は大きく2つあります。

①言葉だけだと、細かい部分が伝わらないので着ていただいたほうがわかりやすい

実際に着てみたらとても気に入ったり、逆に気に入らなかったということは多いものです。とくに混雑時には、お客様の決断を早めるために効果的です。

②女性は、見るだけと思っていても着るとほしくなるケースが多い

私は、お見送りのときにかなり高い確率で、「今日は見るだけにしようと思っていたんだけど、お姉さん上手だから買っちゃったわ」と言われます。

試着すると、見ているだけのときより商品に愛着が湧き、さらにこれからお話しする販売員のクロージングトークが加わるといろいろなイメージが膨らんで、「いいかも」から「ほしい」に変わりやすいのだと確信しています。

クロージングの流れ

✦クロージングとは

クロージングとは、お客様のニーズに合った商品や、販売員から見てお似合いのものをひと通りお勧めした最後に、お客様が商品を購入するかしないかを決める場面を言います。

クロージングのテーマは、「お客様に商品購入について決定していただく」でした。

私が実践しているクロージングの流れは、

お客様がどう感じているのかを聞く

↓

お客様に、あなたが似合うと思う理由を伝える

↓

お客様に着ているところをイメージしていただく

です。この流れで、お客様の気持ちを「ほしい！」から「買います！」と決めてくださるところまでお連れします。

最終的に、買うか買わないかはお客様自身が決めます。ですが、お客様の気持ちや好み、ライフスタイルを知った上で、この商品があればお客様の希望が叶ったり、より便利になったり、魅力を引き出せると思う商品を購入に導いていくのは、自店の商品に興味を持ってくださったお客様に対する、プロの販売員として当然の仕事です。

ここでは、商品購入を決断していただくこの流れを、順を追ってくわしくお伝えしていきます。

お伝えしていくことは、私が「この商品はお客様に似合う」「きっとお使いいただける」「これがあったら、お客様のコーディネートの幅が広がる」と感じたときに、それを全力でお伝えしたくて無意識にやっていたことです。

結果的に、売れ続ける販売員としての私がわかったことは、一見小さく見える言動がお客様のこころに積み重なって大きくなり「あなたから買いたい」と、購入決断につながるのだということです。

✦お客様に嘘はつかない

その前に、ひとつだけタブーなことをお伝えしておきます。それは、「お客様に嘘はつかない」ということです。

販売員Kさんは、2年目の販売員です。今日は、初めて顧客様がご来店される日です。Kさんは、自分宛にお客様が来てくださることがうれしくてうれしくて、朝からソワソワしながらお客様が前回買ってくださったものを思い出し、それと合う商品のコーディネートを考えながら待っていました。

お客様がご来店され、Kさんは楽しそうにお客様とお話ししながら接客をしています。似合うと思ったコーディネートや新作をひと通りご紹介し、ご試着も終わりました。お客様は、Kさんが提案した5点を全部買うと決めてくださいました。ところが、コートの色だけを黒かベージュで迷っています。

Kさんは、「去年黒のコートを買ったと言っていたし、お客様の白くてきれいな肌にはベージュがよく似合っている」と感じ、ベージュをお勧めしようとお客様が着替え終わるのを待っていると、「Kさん、ベージュのSサイズはラスト1点だから、黒を勧めて。黒はたくさんあるから」と、店長に小声で言われました。Kさんは戸惑いました。

しかし、Kさんは最終的にベージュをお勧めしました。もちろん、Kさん自身もベージュがよりお似合いだと思いましたが、何よりもお客様がベージュを着たときに、一瞬うれしそうな表情をしたからです。Kさんは現在、大型店のサブで売れ続ける販売員です。

もし、このときに黒をお勧めしたら、お客様はKさんに何かしらの策略を感じたことでしょう。そして、そのときは黒を買ってくださったとしても、次のご来店の可能性は低くなるし、Kさんを全面的に信じてお買い物をしてくれなくなることでしょう。

ベージュが似合うと感じた自分のこころに嘘をつけば、あなた自身の中にお客様に対して後ろめたい気持ちが無意識に芽生えます。それは、無意識でも言動の節々に出るものだし、お客様も違和感を感じはじめ、結局、信頼関係は長くは続かなくなるのです。

会社のため、店のために在庫があるほうをお勧めする、という考えは、一見正論にも聞こえますが、実は売り手の都合だけに偏った考え方です。これでは、お客様は離れていき、結果として店は繁盛しません。

お客様がベージュを購入し、次のお客様もベージュのSサイズをご希望であれば取り寄せをしてください。そのような手間暇は、販売員の仕事です。

その日の売上げにはならないかもしれませんが、お客様からの信頼は、近い未来に何倍にもなって返ってきます。私はずっとそうでした。

私があなたにお伝えしていることは「お客様の役に立つ」という、こころのあり方の上に載せるテクニックです。似合わないのに売上げが悪いから、などという販売員都合のこころのあり方の上では決して成り立たないものです。

✦お客様に気持ちを伝える強力な方法

クロージングの流れの詳細をお話しする前に、もうひとつ、私がクロージングの流れの全体を通して使っている効果的なテクニックをお伝えしておきます。

3年目の販売員Iさんが接客中のお客様は、来週会社の会議で着るベージュのスーツをお探しでした。ちょうどお客様のニーズにピッタリな商品があり、ご試着していただくことになりました。お着替えされて出てきたお客様と鏡の間の脇に立ち、手を前に重ね、鏡に映るお客様と生身のお客様の交互を見ながら商品のセールストークを言うIさん。言い終わって少し間が空くと、「ちょっと考えます」とお客様がおっしゃいました。

Iさんは、「色もいい、スカート丈もいい、値段もちょうどいいって言ってたのに、何で買ってくれなかったんだろう」と落ち込みました。

✦「一所懸命」伝える

私は、このお客様がスーツを着てご試着室から出てきたら、まず、お客様が圧迫感を感じないように、柔らかい表情でお客様と向かい合うように立って、お客様の視界を少し塞ぐようにしながら襟を整えてあげたり、袖が長ければ、お客様が正面から見ないうちに内側に折り返したり、ジャケットの中に入った髪を出したりします。

このように、商品をきれいに着ていただくまでは、お客様に着た状態をハッキリとはお見せしません。

スーツの色・スカート丈・値段が希望に沿っていたら、お客様は期待されます。

そして、ご試着室の鏡より外の鏡のほうが明るく鮮明に見えます。ですから、商品がきれいに着られていない状態で見ると、期待が大きかっただけに購入決断に大きくマイナスになると考えているからです。

さらに、このような動きをすると、お客様はお世話をされている気持ちになって「親切だな」と思ってくださることが多いのです。当たり前のことをしているのですが、販売員に好感を抱いてくれるのです。

注意点は、これを他愛もない会話やクロージングの流れで、これからお話しする、お客様の気持ちを聞く質問をしながら行なう、ということです。沈黙は、お客様にいろいろなことを考えさせてしまうからです。

きれいに着ていただいたら、お客様に正面から見ていただくために、ここで、お客様と鏡の間の脇に立ちます。

そして、ここからは身振り手振りをつけて動きながらお話しします。クロージングでこのようなアクションをすることで、自分の気持ちをお客様に、より大きく伝わりやすくします。

ですから、Ｉさんのように、お客様と鏡の間に立って前で手を合わせながら話すことはしません。たとえば「ジャケット丈もちょうどいいですね。ヒップにかかるくらいはありますし」と、お伝えするときには後ろに回って、あえてお客様に軽く触れます。お客様がわかるようにジャケットの裾を触って、「ここまであります」と、お客様は、後ろを見ても正確には丈の長さはわかりません。ですから、裾を触り、触れる感覚でより明確に伝えます（※男性販売員と女性のお客様という場合は、あなたの判断にお任せします）。

スカート丈も「膝頭は隠れるくらい、ここまでありますね」と、裾をお客様の膝に軽く押しつけて触れる感覚でもわかっていただきます。このときは屈むのではなくしゃがんでください。

このように、セールストークを言いながらお客様の後ろに行ったり横でしゃがんだり、お客様と鏡の間に立って身振り手振りを加えることで、販売員の「一所懸命さ」が伝わります。私は、商品が似合っていることをよりお伝えしたくてやっているのですが、お客様からは「一所懸命やってくれてありがとう」と、言われることが多々あります。

決して、落ち着きなくお客様の周りをウロウロと動き回るのではなく、後ろに回ったらお客様と鏡の間に戻り、しばらくしたらスカート丈のセールストークをするためにしゃがんで言う、という感じでやってみてください。

袖も、長いままだと、全体的に大きいと感じてガッカリしてしまうため折っておくことが大切です。最初に、針で軽くお止めしておくとなおいいでしょう。

お客様がどう感じているのかを聞く

✦商品が主役になっていませんか

では、いよいよクロージングの流れの説明に入っていきます。

ここからは、わかりやすいように「ネイビーのふんわりしたスカートをお探しのお客様」という設定で話を進めていくことにします。

Rさんは、2年目の販売員です。接客の流れを繰り返してわかったお客様の情報は、

「明るめのネイビーで探している」

「丈が短いのが嫌」

「フワッと広がっているのがいい」

「普段にも仕事にも使えるもの」

「来週から夏休みでハワイ旅行に行く」

「仕事帰りはお友達と食事に行くことが多い」

ということでした。ちょうどお客様のニーズに合うスカートがあり、ご試着中です。

お客様が出て来ました。Rさんはお客様に、身振り手振りをつけながら条件に合っていて、

似合っていることをお伝えしています。

「明るめのネイビーで素敵です」

「丈もちょうどいいです」

「裾の広がり方がきれいですよ」

「普段のお仕事でも使えますよね」

お客様も頷いてくださっていて悪くない反応です。

ですが、お客様は着替えて試着室から出てくると、「ちょっと考えます」とお帰りになりました。どうしてだと思いますか。

✦「買う」と決めるのはお客様の気持ち

お客様が買わなかった理由には、いろいろな事情が考えられます。ですが、販売員ができることで、とても大切なことをR子さんはやっていません。

それは、「**ご試着後のお客様の気持ちをうかがう**」ということです。

Rさんのセールストークを、もう一度見てください。「素敵」「いい」「きれい」「使える」と、商品のお勧めだけをしています。

しかし、実際に買うと決めるのは「お客様の気持ち」です。いくら、ご試着前にスカートがお客様のニーズに合っていたり、気に入っていたとしても、ご試着後もはたして同じ気持ちなのでしょうか。

もし、あなたがお客様だったらどうでしょうか。試着室で履いているときに、実は去年同じようなスカートを買っていたことを思い出したり、実際に履いてみたら見た目より広がっていた、色が少し明るすぎるかな、などと思うことはありませんか。見ているときと、履いた後では気持ちが同じだとは限りません。

違っていたときにご試着室から出るなり、条件に合っている、似合っていると販売員に言われてしまうと、本音が言えなくなるお客様もいます。Rさんが接客したお客様のように、頷くだけで店を後にしてしまうこともあるのです。

Rさんも、もしお客様の本音が聞けていれば別の商品をご紹介したり、お客様が気にされている部分へのアドバイスができたはずです。

私は、必ずお客様の気持ちを確認するようにしています。

ですから、「お疲れ様でございます」と、笑顔でこころからのひと言をお伝えしたら、

「色の明るさはいかがですか」

「丈は膝頭が隠れるぐらいですが、気になりますか?」

「広がり方は、イメージされていたのと同じですか」

「仕事でも普段でも使えそうですか」

これらを、会話を交えながらうかがいます。クロージングのときに、「売らなければ」という思いが強くなってしまうと、Rさんのように商品だけを必死にお勧めして、お客様の気持ちをすっかり忘れてしまいます。

売れ続ける販売員は、「買うか買わないかは、お客様の気持ちが決める」ということを決して忘れません。

「条件が合っている・似合っている＝買う」ではありません。クロージングだからこそ、よりお客様の気持ちに寄り添うのです。すると、そこから話が広がり、さらに他の商品もお買い上げいただくことも多くなるのです。一方的に押すのはタブーです。

必ず、お客様の気持ちを確認するようにしてください。ここも「急がば回れ」です。

お客様に、あなたが似合うと思う理由を伝える

✦なぜ、お客様にその商品がお似合いだと思うのですか

あなたは今、ネイビーのスカートを履いてご試着室から出てきたお客様に「お似合いです」と言いました。どこがお似合いだと思って、その言葉を発しましたか。私は、必ずお客様に似合う理由をお伝えます。

この、ネイビーのスカートをお探しのお客様の外見が、背が高くて髪が長くシャープな顔立ちでスタイルがいいお客様だったら、「このスカートは、背が低い方が履くと可愛くなりすぎるのですが、お客様は身長が高くてカッコいいので、このふんわりスカートも甘くなりすぎず、とてもお似合いです！」というようにです。

「似合う」「素敵」という単語だけを連発する販売員をよく見かけます。

いったいどこが似合い、どこが素敵なのでしょうか。単語だけで、あなたが感じる理由を言わないと、上辺だけの言葉に聞こえてお客様には伝わりません。あなたが似合う、素敵だと思う理由をお伝えすることは、お客様のこころにとても響くということをご存じでしょうか。

当たり前ですが、お客様は一人ひとり違う特徴があります。同じお客様は2人といません。お客様は「あなただから似合う」というオンリーワンの理由がほしいのです。その理由が、お客様の背中を押すのです。

✦お客様が気になる部分がある場合

では、お客様と会話を交えながら試着後の気持ちを聞いているとき、あるいはお客様がご試着室から出てきてすぐ、気になるところを言いました。あなたは似合うと思っています。そのときはどうしますか。

私は、最初に「お似合いですよ」と軽く言い、再度お客様の気持ちや意見に共感しながら、私がなぜ「そのお客様に似合う」と思うか、オンリーワンの理由を次のように伝えていきます。参考にしてください。

「色が明るすぎるかな」→**「たしかに明るめのネイビーですよね。ただ、お客様の洗練された印象と、この色の明るさがとても合っていてお似合いですよ」**

「丈が少し短いかな」→**「たしかに膝が少し出ると短く感じるかもしれません。でも、お客様は膝下が長いので、少しひざ頭が見えたほうが、より足の長さが強調されて格好よく見**

えます。客観的に見て短いとは感じませんよ」

「裾が思ったよりも膨らむのが気になる」→**「タックスカートはたしかに膨らみますよね。ただ、この膨らみだからこそ、お客様のシャープで華やかな印象をさらに華やかに見せてくれますよ」**

※ただし、仕事で決められているなどお客様の気持ちや好み以外の明確な理由がある場合は切り返しではなく、違う商品を提案してください。

以前、2つあるご試着室から同じワンピースを着て出てきたそれぞれのお客様に、それぞれの担当販売員がまったく同じセールストークを言っている場面に遭遇したことがあります。あまりにも、機械的で驚きました。きっと私だったら、親身になっていないと感じて買いません。あなたは、1人の個性ある販売員です。ですから、お客様に似合うと感じる理由も同僚や先輩と違っていて当然です。

このようにあなたが思う理由をお伝えすると、お客様のこころに響き、視点が変わり気になっていたところを納得してお買い上げにつながることもあります。先ほどの切り返しトークと違う部分は、お客様のもう少し入り込んだ個性の部分を言葉にして伝えるということです。

※それでもお客様が気に入らないようであれば、再度接客に入り、別のものをお勧めした後、同じ流れでクロージングに入ってください。

2点以上で接客している場合も同様です。

✦大切なのはお客様を観察すること

クロージングでは、お客様が感じていることと、販売員が感じていることの意見をすり合わせて調整していきます。私は、買ってもらうために説得するというよりも「お客様の身内だったら」という感覚で理由を伝えます。これによって、言葉がお客様のこころに届きやすくなり、お客様は販売員の言葉に耳を傾けてくださるからです。

ポイントは、お客様が気になっている部分をお客様の「個性」とつなげて切り返すということです。

「色が明るすぎるかな」→「でも、この明るめのネイビーの色は今年とても人気ですよ」

このような、お客様の個性とつながっていない切り返しをしても、お客様の気になっている気持ちを、あなたの似合うという気持ちでくつがえすことは難しいでしょう。

お客様に着ているところをイメージしていただく

✦情報と商品をつなげる

では、クロージングの最後は、お客様が「これにしようかな」と傾いている気持ちを、より購入に導く方法です。情報と商品をつなげていき、お客様が目的地や生活の中でスカートを履いている場面をイメージしていただきます。

［お客様の情報］
①明るめのネイビーで探している
②丈が短いのが嫌
③普段も仕事でも使える
④来週からはハワイ旅行

「お勧めしている商品」
ネイビーのふんわりスカート

では、クロージングの流れの2つを終えた最後に、お客様の接客からわかった情報とお勧めのスカートをつなげていきましょう。

情報①明るめのネイビーで探している→自店のネイビーのふんわりスカート
お客様がお持ちの洋服を聞き、店内の類似品を持ってきて鏡越しに上に合わせながら
「明るめのネイビーは合わせやすいので、お持ちのお洋服と十分着回して頂けます」
※色が、迷わず持っているものと合わせられることを、より確信していただく

情報②丈が短いのが嫌→自店のネイビーのふんわりスカート
椅子に座ってもらい、なければしゃがんでいただき長さを確認してもらいながら
「丈も長めですから、お仕事で座ったときでも短くならなくて安心できますよね」
※短くならないことを、より確信していただく

情報③普段でも仕事でも使える→自店のネイビーのふんわりスカート
お客様がお持ちのカットソー・ジャケットをうかがい、類似品を鏡越しに合わせながら
「たとえば、普段はカットソーでシンプルに、お仕事の場合はジャケットを合わせるときちっと感も出ますので、普段でもお仕事でもお使いいただけますね」
※カットソーとジャケットという、極端に違うものを合わせて普段と仕事の両方で使えることを、より確信していただく

情報④来週からはハワイ旅行→自店のネイビーのふんわりスカート

最後は、あなたがお客様にお似合いだと思うもの、たとえばノースリーブやストールを持ってきて合わせながら

「来週からのハワイ旅行でもシワになりにくいので、持って行っていただけます。夜のお食事にお出かけのときにノースリーブにストールを肩にかけたりすると、グッと華やかで素敵です」

※最後にお客様をここまで接客してきたあなたが、お客様に似合い、もっとお使いいただけると感じたものを持ってきて、お客様のイメージをさらに広げて膨らませます

人は、購入後の状態がわかると買ってくださる傾向があると感じています。

ですから、お客様が持っている洋服と似たカットソーやニット、ブラウスなどをお持ちしてスカートの上に実際に合わせながら、そのときの状況が明確にイメージできるようにお客様にお話しし、よりお客様の生活に必要なことを確認していただいて買わない理由をなくしていきます。このように購買意欲を膨らませることで、購入決断に一気に近づきます。

最初に、お客様の持っているものの類似品と合わせることで、お客様は「スカート以外は

売ろうとしていない」「似ているものと合わせてくれている」と親切に感じてくださいます。
そして、最後にあなたが似合うと感じたもので合わせると、それも買ってくださることが多いのです。

✦お客様が満たされる効果的なトーク

多くのお客様が最低限、商品に望んでいることは、

- **できれば多くの場面で着たい**
- **できれば長いシーズン着たい**
- **できれば来年も再来年も着たい**
- **できれば、自分が持っている洋服とできるだけ多く合わせられる**

ということだと確信しています。ですから私は、さらにこれらの4つのワードも会話の中に織り込みます。

ここまでがクロージングの流れです。慣れてくると、とてもスピーディーにできるようになります。ここまでやったら、あとは買うか買わないかを決めるのはお客様です。
これで、お客様が納得いかなければ、それはそれです。ただ、あなたは自分の仕事を最後まで、あきらめずにやるまでです。

言い切る

✦曖昧な言い方では、お客様の背中を押すことができない

では、クロージングの流れを終えた、最後の最後に私が必ず言う最強トークを、あなたに伝授しましょう。

販売員Wさんは3年目です。ここ数ヶ月、ずっと個人売上げに伸び悩んでいます。

今日も、店が忙しい時間帯になりました。先輩・後輩は、次々にお買い上げにつながっています。その光景を見るたびに、1人取り残されたような不安で逃げ出したい気分になります。最近では、後輩にも売上げを抜かされて日に日に自信がなくなっています。

先ほど、ご試着室までご案内したお客様が着替えて出てきました。

お客様の情報は「ワンピースで探している」「丈は膝が隠れるくらい」「マスタードイエローは一度、着てみたいと思っていた」「仕事とお出かけと両方で着たい」ということでした。

お客様が着た、マスタードイエローのワンピースをきれいに見えるように整えて会話をしながら最後のクロージングに入り、お客様の情報と商品をつなげはじめました。お客様は表情も明るく、Wさんの話を頷いて聞いてくれています。

クロージングの流れが終わった最後に、Wさんは微笑んでお客様にこう言いました。

「お似合いだと思いますよ」

お客様は、ご試着室から出てくると「少し考えます」と出て行かれました。

私の最強トークとは、最後に「必ず」「絶対」とつけたり、「です」「ます」と言い切るトークをすることです。

これも、自分では気づいていなかったのですが、ロープレをスタッフに見せた際に、「最後に、『必ずお客様の生活で使っていただけます！　絶対に会社で褒められますね！』と言われたとき『本当にそうだ』という気持ちになって、ロープレなのに買おうと思いました」と言われ、それから自分の接客を客観視しながら観察すると、やはりクロージングの最後の最後に言い切っていたのです。

しかも、「必ず」「絶対」と言うときに目をしっかりお客様と合わせて「大丈夫です。私にお任せください！」という心理で言っていました。ご試着して、クロージングの流れでお客様がさらに気に入ってくださったら、最後は背中を押すだけです。

とくに、新しい色やデザインに挑戦するときは勇気が必要で、最後まで迷うものです。

ですから、似合うと思ったら、そのことを言い切ることで、お客様の背中を押してください。そこに迷いはいりません。お客様の最後の不安を、払拭できるはずです。

✦その他のクロージングトーク

その他にも、最後の最後で私がお客様に言う言葉があるのでご紹介します。

「間違いなく○○です！」

「もし、ご友人やご家族から似合わないと言われたらどうぞお持ちください。それくらい自信を持って、気にする必要はないと言えます！」

「すでに、お客様が着てきた洋服と勘違いするくらいお似合いです！」

「最初は目が慣れないかもしれませんが、慣れるとこのスカートばかり履きますよ。それくらいお似合いです！」

「着たことがないこの色と、お持ちのものと合わせることで、今までのお洋服も違って見えてきますよ！」

「非の打ちどころがないくらい似合っています！」

私はこれらの言葉を、**目をしっかり合わせて、ときには真剣顔で、またときには口角を上げて微笑みながら、そして少しゆっくりハッキリと言います。**クロージング途中というよりも、本当にすべてを言い終わった最後に言う決めゼリフです。

✦クロージングでのタブー

お客様の背中を押さない販売員がいます。彼女たちが口を揃えて言うことは「あんまり押しすぎるのも、売りつけているみたい」ということです。

売れ続ける販売員は「この商品はお客様に着ていただきたい！」と考えます。販売員の仕事は、自店の商品をお客様に自信を持ってお勧めすることです。先ほども言いましたが、お客様は何らかの理由や洋服に興味があってご来店されているのです。

ですから、お客様にいいと思ったら、自分を信じて商品をお勧めしてください。

お客様の傾向あれこれ

ここでは、私が長年現場で接客・販売をしてきて「きっとそうだろう」と、こころの中で確信していることをいくつかお伝えしていきます。こちらも参考にしてみてください。

✦土日・祝日の午前中のお客様

土日・祝日の午前中のお客様は、結果になりやすいと感じています。

店の責任者だった頃、毎週末や祝日は月の予算達成を大きく左右するくらいの予算設定でしたので気が抜けませんでした。

「絶対に結果を出す」と強く胸に刻んで店に入っていたのですが、その思いが強ければ強いほど、ポンとまとめて買ってくださったり、すんなり短時間で買ってくださることが多く、「少し考えます」とおっしゃっても、数時間のお取り置きで戻って来られるお客様がとても多かったのです。

ですから、土日・祝日は、とくに私の中の車輪が早くどんどん加速していきました。

週末や祝日にわざわざ朝からお店に来るというお客様は、何らかの目的があると思っていいと確信しています。

週末・祝日の朝は、とくに積極的にお声がけしてみてください。ポイントはフラれてもめげずに次につくことです。すると、一気に車輪が回り出す瞬間がやってきます。

✦店内の商品を端から鏡に合わせるお客様

私の経験だと、この手のお客様はお買い上げにつながらない方が多いようです。

いろいろな商品を鏡に当てるということは、目的が定まっていないのです。ご試着もむしろ、お客様のほうから言ってきたりするのですが、出て来られて鏡の前に立つと勝手に納得して「考えます」という傾向があります。きっと、ほしいものが定まっていなくて、何を着たいか迷っているからこそ、鏡に当てて似合うかどうかを確認するのでしょう。

✦すでに買い物袋を持っているお客様

昔から私は、すでに買い物袋をお持ちの方には引き寄せられるようにアプローチしていました。

これを自分なりに分析すると、すでにお買い物をしたお客様は「買う」ということに抵抗がないのだと確信しました。

ですから、販売員がアプローチしても抵抗なく会話をしてくださるし、商品の要点を話せばスムーズにご試着される方が多く、購買につながりやすいのです。とくに、自店の商品と同じくらいかそれ以上の価格帯の店での買い物の後だと、さらに接客しやすくなります。

逆にそれ以下や、かなり価格帯が下がるとちょっと厳しいようです。５０００円の商品は抵抗なく買えても、１万８０００円は抵抗があり、また、別の機会にと思っている場合が多いように感じます。

✦最初の目的とは違うものを選ぼうとしているお客様

黒のワンピースをお探しのお客様が、色違いのベージュも試しに着てみたら、そちらに傾いて迷いはじめるというようなことは、あなたにも経験があると思います。

私は、このようなときにもう一度お客様に、接客の際に聞いた今日の目的を伝えて最初の目的の「黒ワンピース」をお勧めします。

女性の方はとくに、お買い物をしていて、他にも気に入ったものが見つかるとそちらもほしくなります。最初はひと言、両方お勧めしてみますが、お客様がどちらかしかお求めいただけない状況ならお客様を一度、冷静にするために、お客様自身が接客中に言っていた黒のワンピースを探している理由をお話しします。そして、その後に続けてこう言います。

「ベージュを買ったら、また、黒がほしくなりますよ。迷って、当初の目的ではないほうを買ったお客様はたいてい、最初のほうをまたお求めになる傾向がありますから」と。

すると、「そうよね。そうだった」と、黒のワンピースに落ち着く方が多いのです。

そして、お客様に「何だか親切」ということが伝わり、次回のご来店につながる可能性も十分あります。

このようなときにベージュのワンピースを勧めるスタッフも見かけますが、最初のイメージと違うものを決断に導くにはとても時間がかかるし、気力も必要です。

迷ったお客様には、最初の目的を伝えて商品をお勧めするほうが、お客様を後悔させず親切だと感じています。

6章

売れ続けるための大切なこころ

未来へ

✦未来のあなたへのメッセージ

　ここまでで、売れ続ける販売員が行なっている「あきらめないこころ」と「テクニック」をあなたに伝授してきました。さて、ここから先は未来のあなたへのメッセージです。

　未来を覗くのが怖かったりこれでOKだと感じた方は、この先は読まずにこれまでお話ししたことを店頭で実行してください。あきらめないこころのあり方からひとつずつ積み重ねていくことで、「売れ続ける販売員」になれるはずです。

　私は、これらをやり続ける中でたくさんのことに直面し、その中で気づき、さらに不動の売れる続ける販売員になり、わかったことがあります。

　この先は、あなたが売れ続ける販売員になる過程や、さらにそれを持続する過程の中で、きっと、あなたが向き合うことになることが書かれているはずです。今まで、本書の中でご紹介してきた教え子たちもそうでした。

　ですから、ここからは「覚悟」を決めた方だけが読み進めていってください。

小さなことの積み重ねが大きなことを成し遂げる

✦地道な積み重ねがチカラになる

まず最初に、あなたにハッキリと言っておきたいことがあります。それは、**小さなことの積み重ねなくして、結果を達成し続けることはできない**、ということです。

普段、トレーニングをしていないスポーツ選手が、いきなり世界記録を出せるでしょうか。スポーツ選手以外でも、活躍している方はみなそうです。あなたが見えないところで、日々地道なトレーニングを積み重ねて、それが、その人のチカラとなって、大会での目に見える記録という結果になるのです。

販売員Hさん、彼女は販売員4年目で、私が軸にしている旗艦店に来ました。最初はファーストアプローチすらまともにできず、私は彼女が4年目だということを疑いました。

ところが、あるときから、彼女が店の2番手をやらざるを得ない状況になり、私は覚悟を決めて、旗艦店の店長兼エリアマネージャーとして他店舗を見て自分も販売する傍ら、彼女を懸命に育てはじめました。本書にも書いたことを、端から彼女のこころと身体に叩き込んでいったのです。

泣き虫だったHさんは、毎日のように私に叱られ、仕事を通して自分に向き合わされ、それを乗り越えることが辛くて泣き通しでした。それでも、必死になって私についてくるHさんは1日1日確実に成長していき、私はとうとう彼女を旗艦店の店長にしました。

その後も、私はずっとその店を軸にしていたため、彼女は最後まで私に一番近い部下でした。彼女が、これらのことを毎日積み重ねていく姿と確実な成長は、今でも私のこころに鮮明に焼きついています。そのような彼女の姿は、前に進んでいく私の勇気になり、さらにスタッフたちの指針にもなっていました。

販売員Nさん、彼女は販売員5年目で私の元に来ました。周りの空気が読めず、販売員として目標を達成する気持ちのあまりの甘さに、出会った当初はとても驚かされました。

彼女にも、小さなことに取り組んでいく地道さがチカラになるということを、毎日懸命に教えました。するとNさんは、しだいに結果が出る楽しさに目覚めはじめ、それと同時に、基本を繰り返す大切さに気づき、その後、彼女も店長になりました。

そこで、いったん私から卒業していったのですが、彼女が異動した店の売上げはなかなか上がってきませんでした。半年以上見守っていたある日、私は我慢の限界になり、彼女と話をしました。Nさんは、店長になったことで自分を過信し、今までのことを積み重ねるどころか、予算が達成できないことを周りのせいにしていたのです。

そこで、私はもう一度あきらめないこころのあり方を彼女に思い出してもらうべく、Nさんの店に入りました。すると、あっという間に結果が出はじめたのです。

本書であなたにお教えした、あきらめないこころのあり方は、販売員としての基本となることです。こころのあり方からテクニックまでを、気持ちを込めて日々繰り返して習慣にすることで、いずれ必ず大きな結果につながっていきます。習慣にするということは、朝、顔を洗ったり歯を磨いたりすることと同じように、自分の一部として当たり前に行なうということです。

あなたの一部になった頃には、あなたのこころのあり方や感じることが最初とは大きく変化し、行動も変わり、結果も出はじめているはずです。

それまでの点での予算達成も、この基本を続けて、さらにあなたの経験を積み重ねるにつれて〝点〟が増えていき、やがて〝線〟になり売れ続けるようになっていきます。

点での予算達成が、最初の頃よりも間隔が開きすぎてきたら、もう一度あなた自身を見直してみてください。あきらめないこころのあり方が中途半端になっていたり、初心を忘れているることがあるはずです。

私は、2ブランド61店舗の販売統括として現場でスタッフを指導しているときも、自分が「一販売員である」ということを決して忘れませんでした。今思うと、その姿勢は日々の予算達成という結果、そして、スタッフの指針になっていたのだと確信しています。

✦すべてはあなたしだい

ここで、あなたに質問があります。

「あなたは、販売員に向いていると思いますか？」

では、もうひとつ質問します。

誰かが、あなたに「向いていない」と言ったら、あなたは販売員を辞めますか。

誰かが、あなたに「向いている」と言ったら、あなたは販売員を続けますか。

「私は販売員に向いているのでしょうか？」——私は、販売員からこの質問をよく受けます。

仕事は、自分に向いているか向いていないかで決めるのでしょうか？

私自身は、これまで接客・販売が自分に向いているか向いていないかなど、一度も考えたことがありません。毎日、予算だけをまっすぐ見つめていたので、そのようなことを考える暇はなかったのです。脳裏をよぎることすらありませんでした。

現在でも、自分に向いていると思うかと聞かれたら、「わかりません」と答えるでしょう。

しかし、「接客・販売をしてきてよかった」とは断言できます。そして、今でもたまに接客・販売をするときは胸が高鳴ります。これで、十分ではないでしょうか。

私は「向いているかいないか」と質問をされるたびに、その子が横道に転がっている拾う必要のない石をわざわざ拾って、それをジッと見つめながらうずくまり考え込んでいるように思えるのです。あなたが、あきらめないこころのあり方やテクニックをやり続ける中で、それらをうまくできず、結果もすぐに出なくてこのようなことを考えるときがあるかもしれません。そのようなときは、「あっ、逃げたいのかな」と自分自身に聞いてみてください。

新しいことを習慣にすることは、慣れないことを意識することになるので、できなくて嫌になり、逃げたくなるときももちろんあるでしょう。そんなときは、休んだり気分転換をしてから、またやりはじめればいいのです。

結果が出るまでの長さはひとそれぞれです。すぐのときもあれば、時間がかかることもあります。ですが、先ほども言ったように、点での予算達成を〝線〟にして売れ続ける販売員になるには、それでもあきらめないこころを持ち続け、基本をやり続ける必要があるのです。

すべてはあなたが決めること

✦あなたの経験にも感情にも無駄なものはない

販売員Uさんは、販売員をはじめてまもなく丸5年になります。会社に対する不満が多い彼女は、売上げがとれないとすぐに不平不満を唱えることを繰り返してきました。

気がつくと、同僚はみな店長・サブに昇格。その現実からも長年目をそむけ、こころの中では、結果が出ない自分自身を責め続けていました。そんなある日、私は彼女に聞きました。

「同僚や後輩に抜かれてまで、どうして仕事を続けているの？」というキツい質問をぶつけてみたのです。するとUさんは少し考えた後、「たかみずさんが、それでも私をあきらめずに懸命に指導してくださっているということは、まだ、私のどこかにこの仕事に向いている部分があるのかもしれないと思うからです」と言いました。私は彼女の他力本願な考え方に、長年教えてきたことが情けなくなり、気がつくと「私がどう思っているかじゃなく、自分の意思でどうしたいか決めなさい！」と怒鳴っていました。

「向いているからやる、向いていないならやらない」とは、「無駄なことはやりたくない。どうせやるのであれば、早く向いていることをやったほうが楽だ」というように聞こえます。

しかし残念ながら、先ほどもお話ししたように、何事も結果を出し続けるには、地道なトレーニング期間が必要なのです。**目の前のことを懸命にやることに、無駄なことはひとつもありません。**その経験や、それによって感じる感情で無駄なことも何ひとつありません。

そして、やると決めるのは他の誰でもなくあなた自身です。だからこそ、経験や感情があなたのチカラになるのです。これは絶対です。

Uさんは、翌日からふてくされたように店に立ちました。そんな自分の感情を仕事場でまき散らすUさんを、私は容赦なく叱り続けました。「立ち上がれ！　自分の意思で立ち上がれ！」と、こころで叫びながら叱り続けたのです。

数週間後、私はUさんに呼び止められました。彼女は、私にこう言いました。

「申し訳ございませんでした。同僚や後輩に抜かれたことや、結果を出せないことも自分がすべて引き起こしたことだとわかりました。ずっとわかっていたのですが、それを認めることが怖かったのです。私は販売員を続けます。今後ともご指導よろしくお願いいたします」

その後、Uさんは期日を決めて必ずそこまでに同僚に追いつきたいと、懸命にあきらめないこころで基本に取り組みました。もちろん、Uさんが悲願の目的達成をしたのは言うまでもありません。後日、Uさんが部下への朝礼中に「販売に向いているか向いていないかは自分が決めること」と言っているのを耳にし、その言葉にうれしさが込み上げました。

あなたの一所懸命は仲間の成長になる

✦懸命に取り組む大切さ

販売員Fさんは、4年目の販売員で私の元部下です。彼女が、当時店長だった私の店に来て約1年。

あきらめないこころのあり方を行動に出すという、本書に書いたことに懸命に取り組みました。もちろん、人間です。その日の気分や感情で悔しくて泣いたこともあります。それでも、彼女はあきらめずに毎日必死に私の指導についてきて、少しずつですがこころがブレることが減ってきた矢先のことでした。他店で急な退職者が出て、上司からFさんの異動指示が来ました。どのスタッフも、まだ私にとっては「これから」というところだったので、私は抵抗しました。この状態で彼女を異動させたら、また元の、仕事の本質がわかっていない販売員に戻ってしまうと考えたからです。ところが、私の抵抗空しくFさんの異動は決定してしまいました。

しかも、異動先の店の予算は約1・5倍、Fさんはサブではありませんが、必然的に2番手を務めざるを得ないポジションになったのです。

私は、異動前日に不安そうな彼女にこう言いました。

「F、いろいろしようと思わなくていいし、誰かを助けようとも思わなくてもいい。引き続き、あきらめないこころのあり方で、懸命に接客最優先で取り組みなさい。自分の足元にある土を下に掘って行く感覚で、自分がブレないようにそのことだけをやり続けなさい。それはいずれ、必ず周りのチカラになるから絶対大丈夫！」

すると、彼女はこう答えました。

「かしこまりました。自分の足元を掘ることだけに集中します！」

彼女が異動して2ヶ月。Fさんの店長に会ったときのことです。

「たかみずさん、Fさんのおかげでスタッフみんなの意識が変わってきました。ありがとうございます」と駆け寄ってきました。そして、続けてこう言ったのです。

「Fさんは、毎日みんなより早く店に来てノートに目を通して、誰よりも早く店に立ち接客しているのです。接客が終わるとすぐ、次のお客様にスピーディーにお声がけしています。そのスピードが衰えないFさんの姿を見て、1客接客が終わるとカウンター内でしゃべっていたうちのスタッフたちが焦りはじめたのです。もちろん、あっという間にFさんは個人売りで1位になってしまい、正直私も焦りました。でもおかげで、今はスタッフ全員が、Fさんを見本にして接客最優先になりつつあります。何より、目標に向かって全員が一丸となっているこことがとてもうれしいです」

Fさんは、その後この店の店長になりました。

✦あなたが懸命に取り組む姿は人のこころを動かす

私が店長だった頃、スタッフがある大きなクレームを引き起こしました。それは、百貨店も巻き込む大クレームになり、責任者の私は毎日お客様からお電話を頂戴し、お詫びをするものの、許していただくことができず、許していただくためにお客様のご自宅まで伺っても、会っていただけないという日々を過ごしていました。

気がつくと、1週間で3kg以上体重が落ちてしまい、初めて「仕事を辞めようか」と考えた時期でもありました。

その日もお客様のご自宅にうかがい、会っていただけず店に戻りました。すると、心配した上司が店に来ていて、通路を挟んだ店の前で状況を話し終わり、私は意を決して退職を切り出そうとしました。

そのときです。目の前の店内で懸命に接客する部下の姿が目に飛び込んできたのです。店内を小走りし、ご試着室から出てきたお客様の前後に回りながら懸命に接客する一人ひとりの姿がクローズアップされて、私のこころに飛び込んできたのです。

その瞬間、ずっと抑えていた感情が涙となって出てきそうになると同時に「絶対に辞められない！」と、こころの底から力強い気持ちが再び湧き上がってきたのです。

あなたが仕事に懸命に取り組む姿は、仲間の大きな勇気や成長になります。

私は、販売員個々の成長がチームの成長だと確信しています。チームは、1人が成長すると周りはそれを察知して、自分も上がっていこうと自然と懸命になりはじめます。

その一人ひとりの懸命さが、個々の実力になり、同時に店のチカラになるのです。

✦すべてはあなたに必要なこと

あなたが、どんなに嫌だと感じている同僚・先輩・後輩も、実は今のあなたに必要だから、同じ仲間として店にいるのです。

私は、何度言ってもできるようにならない部下から、一人ひとりの教え方を変えることや相手を理解すること、その子の個性を伸ばすことが大切だと教わりました。

上司との言い合いにも似た懸命な日々のやり取りの中で、意志を通したいときの話し方や店全体・会社全体という、広い視野で見ることの大切さを教わりました。

先ほども言いましたが、今、あなたが置かれている場所や状況で一所懸命になることは、何ひとつとして、未来のあなたに無駄になることはないのです。

チームで仕事をする素晴らしさ

✦仲間がいるから前に進める

私は店長の頃から、毎日たくさんのことを決断する中で、こころはずっと孤独でした。でも、そんなことは誰にも言うことができず、自分が抱えている孤独や寂しさを振り切るように、さらに予算達成に向けてストイックになり、もっともっと自分自身と部下を追い込み、売上げを上げ続けました。

そして、仕事後は、部下たちと毎日のように食事に行き、その日、必死にやっていたからこそ起きた店頭でのハプニングを、みんなでお腹を抱えて涙が出るほど笑いながら話すときを過ごしました。部下たちは、店頭でどんなに私に叱られても、いつも時間をともにしてくれました。今思うと、彼女たちは私のこころを感じ取ってくれていたのかもしれません。

そして、1店舗の店長から最終的に抱え切れない数の店舗を担当していく中で、そのときそのときで、どんなときも私を理解し、サポートしてくれる3人の部下に出会いました。彼女たちは、毎日さまざまな決断をしている私の孤独な気持ちを察するかのように、私を支えてくれたのです。彼女たちの支えは、私が前に進む強力な勇気になってくれました。なかでも、忘れられないエピソードをひとつお話しします。

私が、旗艦店の店長兼エリアマネージャーだった頃、直近の部下だったサブのEさんのことです。

ある日、私は完璧を求めるあまり、Eさんが起こしたある出来事に、とてつもない怒りがこみ上げ、烈火のごとく彼女を叱りました。彼女を叱っているとき、「これ以上言ったらこの子は、もう来ない……」という予感が何度も脳裏をよぎりましたが、結果として仲間への思いやりに欠けることになった彼女の行為をどうしても許すことができず、振り上げた拳を下ろすことができませんでした。その日を境に、彼女は私が担当していない店舗に異動することになってしまいました。

それから数年後、旗艦店の次に売上げを取っていた2番店の店長が急遽退社することになり、私は2店舗の店長兼エリアマネージャーをすることになりました。

2店舗の売上額を考えたときに、1人で長く続けるのは厳しいと判断しました。そこで、2番店のサブを、最短で指導して店長にしようと決めたのです。

ところが、1日中同じ店にいる時間はありません。そこで、私が2番店のサブに厳しく指導したことを、私がいない間にフォローできる人間を置こうと思いつきました。

その人物は、私のことを理解し、進みたい方向をわかってくれているスタッフ……すぐに

Eさんが浮かびました。烈火のごとく叱って数年。ですが、Eさん以外にいないと思ったのです。

私は数年ぶりに彼女に会って事情を話し、「2番店に異動して、私を助けてほしい」と言いました。しかし、謝ることはできませんでした。「助けてほしい」という言葉が、私の中のそのときの精いっぱいの言葉だったのです。

ところが、彼女は半年後に結婚が決まっていて、2ヶ月後には退職したいと会社に伝える直前だったのです。

それでも私は、2ヶ月間でも構わないと食い下がりました。すると、彼女はこう言ったのです。

「マネージャーが、まだ私を必要としてくれるのであればチカラにならせていただきたいです。相談する時間を少しいただけませんか」

私はあの日から、ずっと後悔していました。いつも支えてくれていたEさんを、自らの手で取り返しがつかないくらい傷つけてしまったと思っていたからです。ですが、そんな私のこころすらわかってくれていたEさんの言葉に深い感謝と、必ず目的を達成するという強い気持ちが湧き上がってきました。彼女は、それから異動して半年間続けてくれ、そのおかげで2番店のサブを無事に店長に上げることができたのです。

私が、これまでたくさんの記録を出して走って来られたのは、周りで私を信じてくれたスタッフと、私を信じて容認してくださった上司たちのおかげです。私1人だけでは、とても走り続けることはできなかったでしょう。

仕事で起きることは人生で乗り越えるテーマ

✦すべての出来事はパーフェクトなタイミング

今までお伝えしてきた、あきらめないこころのあり方で売れ続け、やがて大きな予算を達成するようになった頃、私はあることに気がつきました。

接客・販売という仕事を続けてきた中で、自分の身の回りに起きた出来事も出会った人も、すべてはそれぞれがパーフェクトなタイミングだったのではないかということです。そのタイミングが少しでもズレていれば、今の私はなかったということに気づいたのです。

私が大学卒業後に入社した会社で店長をしていた頃、他店の店長には同期が数人と先輩数人、後輩が1人いました。そんなある日、会議で後輩がエリアマネージャーになることが告げられたのです。後輩は、飛び抜けて売上げを取っているわけではありませんでした。

後輩が昇格すると、その後半年で同期・先輩全員が会社を去っていきました。

残ったのはわたし1人。

しかし、私は会社を辞めませんでした。後輩が昇格した日に、こころに誓ったのです。

「もし、ここで辞めたら後輩を認めたことになり、私の負けになる。だから、私は絶対に辞めない」と。

それが、私の精いっぱいのプライドでした。周りが辞めていきしばらくしたある日、直属の上司である主任が私の店に来ました。そして「たかみず、なんで○○がエリアマネージャーになったかわかるか？」と聞いたのです。

理由を聞くと自分が傷つく気がして、私はずっとそこには向き合わず、黙々と仕事をしてきたので理由は知りませんでした。

すると上司は、「○○は、使いやすいから上に上がったんだ」と言ったのです。

ずっと、後輩には他の誰にもない実力があるのではないかと思っていました。ところが、「使いやすい」という、あまりに接客・販売に関係ない理由だったことに私は拍子抜けしてしまい、後輩が昇格した現実をストンと受け入れると同時に、そこにいる意味がなくなり2ヶ月後に退職しました。

✦すべての出発点

その後、今からお話しすることがタイミングよく起きなければ、私はその先、販売員として必死に結果を追い求めることはなかったでしょう。

そのタイミングとは、転職した会社が、日本一と言われる某百貨店に出店する時期と、私が入社した時期が重なったことでした。

その頃の私は、向上心もなく接客・販売だけをしていたい。商品が売れることだけを楽しみたいという気持ちでした。

結果として、その気持ちがそのときの店の売上げやスタッフとマッチし、気がつくと店を引っぱる結果になり、半年で店長にならざるを得ない状況になってしまいました。

辞令が出ても、店長になるのが嫌で無理矢理旅行に行ってしまい、帰ってくるなりひどい売上げになっていたことで、初めて上司にひどく叱られました。

これらのことが起きなければ、私のこころの底にあった反骨精神に火がつくことはなく「絶対に見返してやる！！」とその先、必死に走り続けることはなかったでしょう。

私はこれらのことは、実はずっと前から起きることが決められていたような気がしてならないのです。今すべてを振り返ると、こころの底に火がついたときが、私が接客・販売という仕事を通して成長していく出発点だったからです。

それから先も、こころの火は消えることなく、むしろ時が経つほどに煌々と燃え盛り、目的を達成するために、数え切れないほどの困難に立ち向かっていきました。

そして、それらを乗り越えることは、私に数え切れないほどの気づきをもたらし、気がつくと仕事という枠を超え、人生という枠の中で、人間としての成長につながっていたのです。

本書でお話ししてきた、あきらめないこころのあり方で仕事に懸命に取り組み売れ続けることで、振り返れば多くのことを経験し学び、私自身が大きく成長していったのです。

✦仕事が教えてくれたこと

今、あなたが従事している仕事は、あなたが人生の中で自分自身を磨き、成長するためのツールなのではないでしょうか。私は、そのことに気がついてから、仕事での不安が激減しました。どんな決断をしても、すべてパーフェクトなことでしかないと思えるようになり、自分の選択に安心できるようになったからです。

そして、自分以外の人と関わる中で、目には見えないけれどたしかにそこに存在している「信頼」「尊敬」「信念」「愛」というものがあることを感じてきました。

目には見えないそういったものこそが、「あきらめない」という私のこころのあるべき姿となり、それが売上げという結果となって表われていったのです。

「あきらめないこころのあり方だけが奇跡を起こす」ということを、私はこころの深い部分で確信しています。

あきらめないこころの向こうに

✦すべての種は自分自身がまいている

これが、本書であなたに伝えられる最後の項目です。

私は長い間、仕事を通じて感じることをすべて接客・販売への原動力にして、売って売って売り続けてきました。旗艦店を軸に全国の店を回りながら、どこに行っても「あきらめない！」と短期間で結果を出し続けてきました。

気がつくと、会社初の女性役職者としてどんどん昇格し、抱える部下も全国に数百人にもなりました。

部下はみんな、私を信じてついてきてくれ、上司も私を信じ、見守ってくれていました。

あの頃は、売上げが私自身の存在価値そのものでした。ですから、ギネス数字を更新するたびに「さあ、また更新しなきゃ！」と、すぐに次を見据えて、休む暇なく全力で走り出していたのです。

そんな私のこころの片隅には、長い間ずっと気づかないふりをしているある事実がありました。

売っても売ってもこころが満たされない

結果を出すまでの苦しい思いをわかってほしい、という私の本心に反して、次々に売上げを上げていく私を見て、誰もが「すごい」「売上げが取れて当然」という見方になってしまっていたのです。

そのたびに私は、「どうしてみんな、私が必死にがんばっていることがわからないの？　私だって、みんなと一緒なのに。どうして結果ばかり見るの？　どうして!!」と、結果を出す過程での辛くて苦しい思いを見てくれず、結果だけを称賛する周りに対して怒りを感じ、その怒りでさらにアクセルを踏み込み、上を目指して突き進んで行ったのです。自分がまいている「結果を求める」という種が「結果だけを見る」という周りの状況をつくり出していることに気づかず、自分のたいへんさを言葉に出して褒めない周りが悪い、と怒りを増幅させていったのです。

しだいに、売上げを上げれば上げるほど、満たされない自分のこころにハッキリと気づくようになりました。そんな終わりのない、らせん階段を走って上り続けているときの出来事です。

社員研修の打ち合わせを重ねているコミュニケーションスクールの先生がいました。私はその先生の、自分の息子や娘と同じくらい年の離れた生徒に対する接し方や教え方を尊敬していました。

ある雨の日、満たされないこころを引きずり歩いていたときに、ふと先生のことを思い出して電話をし、自分のこころの底にある満たされない気持ちや走り続ける苦しさを話しました。話終わった私に、先生はこう言ったのです。

「たかみず、あなたは部下にキツいことを言うとか、上司に反発するとかっていうところばかりがクローズアップされているけれど、私はあなたがどれだけの愛を持って言葉を放ち、行動しているかわかっているわよ！」

私はその場で泣き崩れそうになると同時に、その言葉で私のこころの深い霧は一気に払拭されました。結果を出すこころの葛藤を理解し、言葉に出してくれた先生の言葉に私のこころは深く安堵し、ようやく自分がまいていた種に気がついたのです。

そして、こころの霧が晴れたとき、そこに言葉が見えました。

自分で自分を褒められなければ、周りは誰も褒めてくれない。

自分で自分を認めなければ、周りは誰も認めてくれない。

私は、このことに気づくために、仕事を通してたくさんのことを学んでいたのです。どんな結果を出しても、決して自分に「私ががんばった。よくやった」と言うことはありませんでした。それどころか、「もう少しがんばったら、○万円いけたのに」と、がんばっている自分にダメ出しばかりしていたのです。

「満たされないこころをつくり出していたのは私自身だったのだ」と、やっと気がついたのです。そう腑に落ちたとき、周りと自分に向けていた怒りが「私はがんばってきた」という気持ちと、周りへの深い感謝の気持ちに変わったのです。

✦売れ続ける販売員のあなたへ

売れ続ける販売員でい続ける過程で、思い通りにいかず失敗する自分自身に出会ったり、足がすくむ勇気のない自分、情けない自分に出会うこともたくさんあります。

でも、本当の意味で前に進むには、できなかった現実を受け入れ、「そういう自分も自分なんだ」と認めることが大切なのです。本当に大切なことは、あきらめないこころのあり方で懸命に仕事をしてあなたが成長することであって、結果は後からついてくるおまけのようなものなのです。売上げは、あなたの価値では決してありません。

今日、あなたが「あきらめないこころのあり方」で結果を出すことができたら、思いっきり自分を褒めてあげてください。そして、結果が出なくても今日1日がんばった自分を思いっきり認めてあげてください。

そして、私はあなたにこう言いたいのです。

「どんなあなたもダメじゃない!!　私はあなたが懸命にやっていることを知っています!」

あとがき

私は、自分の〝こころの叫び〟に気づいた3ヶ月後、それまで勤めていた会社に深く感謝し、退職をしました。

「あきらめないこころのあり方で懸命にやる」ことこそが最終的な結果につながるのだということを、企業の枠にとらわれることなく全国の販売員に伝えたかったからです。

そして「輝くスターである販売員が来る学校」という想いを込めて、同年ブライトスターUniversity株式会社を立ち上げました。販売員が、燦々と降り注ぐ光の中で自由に学べる、そんな自由な学校をつくりたかったのです。

私は本書を書く過程で、過去の自分自身と改めて向き合いました。そして、書き終わったとき、自分で自分を褒めて認めて前に進むことの大切さを再び思い出すと同時に、独立してからの5年間でそのことを伝えたい気持ちが、より大きくなっていることに気がつきました。

本書の執筆中に、同時進行で作成していた自社主催スクール・講座の授業内容にも、この想いを込めました。私は、いつもあなたを応援しています。

最後にお礼を言わせてください。

独立してから長期にわたり、お世話になっているクライアントの皆様に感謝申し上げます。そして、店の販売社長、いつも温かい目で見守ってくださり本当にありがとうございます。スタッフのみんな、ありがとう。

前職、株式会社ファーイーストカンパニーの上司の方々、暴れん坊の私を、どんなときも信じて容認していただき、本当にありがとうございました。

旗艦店の新宿伊勢丹店で、ともに過ごし戦ってくれたスタッフたち、厳しい指導に必死についてきてくれてありがとう。

また、本書の出版のきっかけをくださった、株式会社シュカベリー代表の前川あゆさん、全国のＡＮＡＹＩブランドの販売員のみんな、ありがとう。

私を最後まで信じて導いてくださった同文舘出版の古市編集長、ありがとうございました。

私が、この本を書くことができたのは、これまで支えてくださったすべての皆様のおかげです。こころより感謝申し上げます。

最後に、これまで惜しみない愛で私を育ててくれた父と母、そして2人の兄にこころから感謝します。

２０１４年４月

たかみず保江

著者略歴

たかみず 保江（たかみず やすえ）

1970年生まれ。接客・販売講師。ブライトスター University（株）代表。

大学卒業後、ジャヴァグループ入社。婦人服（株）ビッキーに配属され、1ヶ月で店長に抜擢。その後、サザビーリーグ（株）ファーイーストカンパニーに転職。ANAYI（キャリア婦人服）新宿伊勢丹店にサブで配属され、翌年店長に昇格。その後、スーパーバイザー、エリアマネージャーを経て2006年販売統括課長（2ブランド61店舗担当）に。いずれも、会社初の女性役職者となる。全国の店舗を回り、自ら先頭で販売をしながらスタッフ指導を行ない、短期間で次々に売上げを上げる。とくに、担当の新宿伊勢丹店は10年連続社内全国1位。そこから多くのスタッフを育て、各店舗に店長・サブとして輩出する。自身の個人売上げも、8年連続社内全国1位を維持。2006年からは店に立つ傍ら、部下育成として社内での販売員研修をスタートさせる。販売員自身が気づいていない可能性を引き出して自信を持たせることで、販売員の接客向上に努め、さらに多くのリーダーを輩出する。2008年、ブランドや企業にこだわることなく、より多くの販売員の力になることを決めて退職。同年、ブライトスター University（株）を立ち上げる。

現在は売れ続けてきた、自身のこころのあり方と技術をベースにした、たかみずメソッドを自社運営「ミラクル接客塾」にて集中講座・スクールとして開催し、現場での販売員指導も行なっている。


ミラクル接客塾ホームページ　http://mirakurujyuku.com

売れ続ける販売員になるための
「あきらめないこころ」のつくり方

平成26年6月5日　初版発行

著　者 ―― たかみず　保江
発行者 ―― 中島　治久

発行所 ―― 同文舘出版株式会社

東京都千代田区神田神保町1-41　〒101-0051
電話　営業03（3294）1801　編集03（3294）1802
振替00100-8-42935　http://www.dobunkan.co.jp

©Y.Takamizu　ISBN978-4-495-52711-2
印刷／製本：三美印刷　Printed in Japan 2014
